相手の頼みを
スマートに断る法

福田　健（話し方研究所会長）著

セルバ出版

はじめに

世の中はもちつ、もたれつである。人は困ったら、周囲の人の手助けを求め、助けを求められた人は救いの手を差し伸べようとする。むずかしい相談や厄介な頼み事に応えて、うまい解決策を提案できたり、頼み事を捌いてやることができたときは万々歳となる。お互いの絆はいっそう深まることだろう。

ところが世の中、いつもそううまくいくとは限らない。

時には自分の手に余る相談事を持ちかけられることもあるし、とても引き受けられないお願い事をされることもある。

たいていの場合は、「いやぁ、お役に立てそうにもありません」「私には荷の重い相談です」「とてもその任ではありません」――「ですから、引き受けられません」で話はすむだろう。

けれども、なかなかその「断り」が言えないケースが出てくる。

それは、一つには、頼んできた人による。ふだんお世話になっている人からの相談事だったり、学校や職場の先輩による依頼だったりしたら、そうそう簡単に断りきれるものではない。

また、地域の慣習や共同体の習慣によって、順番に引き受けなければならない役回りが回ってきたときなども、少々の理由くらいでは断りにくい。子どもの学校の世話係や、マンションの管理組合の世話役などだ。

いや少々の理由どころか、引き受けにくい深刻な障害があっても、断るのはむずかしい。そのあとの人間関係における気まずさなどを考えてしまうからだ。

このようにして、人は、厄介な問題に引きずり込まれる。

世間には、人の世話をするのが大好きという人も少なくない。また、「いやぁ、他人様にお願いされると、断りきれなくて……」という人も、結構多い。しかし、こういう善意の固まりのような人でも、「断ると、あとがうるさい」のを怖れているケースがある。

面白いもので、相談事をされ、それを断っても別にシコリを残さないどころか、かえって感謝されるくらいの"断り上手"な人がいる反面で、できるだけ力になってやろうとして力及ばず、むしろ気まずい関係に陥る"断りベタ"な人もいる。

この差は、どこからくるものなのだろうか――具体的なケースに従って考えてみようというのが本書である。多くのケースが、皆さんの周囲で起こる問題である。周囲からの頼み事をうまく捌く"断り上手"になって、この住みにくい世の中を楽しく過ごして欲しいと願う。

なお、もみじ社の田中一氏にはお世話になった。お礼を申し上げたい。

二〇〇四年三月一日

福田　健

『相手の頼みをスマートに断る法』もくじ

第1章　シコリをあとに残さない職場での断り方

第2章　私的付き合いで人間関係を壊さない断り方

第3章　商売にミゾをつくらない取引先への断り方

第4章　長い絆を傷つけない恩師・先輩への断り方

第5章　付き合いに波風を立てない隣人への断り方

終章 大事なのは断ったあとのフォローである

序章

断り方にもちゃんとしたルールがある

厄介な頼まれ事は引き受けたくない。
しかし、無碍に断っては人間関係に角が立つ。
上手な断り方の基本ルールとは……。

1 断ってもマイナスになるとは限らない

◆〝許し合い〟が断りベタを招く

日本人は、人からものを頼まれたときの断り方が得意ではないようだ。その原因は、互いの仲間意識にある。「ノー」と言って無碍《むげ》に断れば、せっかく築き上げてきた人間関係を壊してしまう、ひょっとしたら仲間はずれにされるかもしれない、との思いがあるからだ。

しかし、無理して引き受けてはみたものの、きちんと応じられなければ、結果として逆に人間関係をこじらせてしまうことになる。

「ダメならダメと、なんで最初に言ってくれなかったのだ」

「できるところまででいい、と言ったのはオマエのほうじゃないか」

人は自分勝手に解釈しがちなもの。

こうなると後味の悪さばかりが残るが、いつの間にかほとぼりが冷めて、うやむやになってしまうことも少なくない。お互いにそれ以上は追及しないからだ。そこには「お互いさま」という意識がある。もちつもたれつの関係とはよくいわれるが、こうした〝許し合い〟の精神が強いために、いつまでも断りベタという状況から抜け出せないでいるように思えてならない。

◆「ノー」を言うことのメリット

「イエス」にしても「ノー」にしても、自己の意思の表現には違いないが、とりわけ「ノー」はインパクトの強い言葉である。私たち日本人は、「ノー」と言ったら角が立つのではないか、事を荒立てることになるのではないか、という不安もあって、口に出せないことも多い。

だが、「ノー」と断っても、マイナス面ばかりとは限らない。「申し訳ないが、応えられそうにない」と断れば相手は失望するだろうが、曖昧な返事をして結論を長引かせるよりはよほどよい。相手はすぐに次の策に着手できるからだ。いたずらに相手の時間を奪わずにすむ。

また、これまで引きずってきた関係を断ち切りたい場合にも、一度、ハッキリと「ノー」を言うことによって、清算の糸口を見出すことができるだろう。これはなにも男女の仲に限ったことではない。互いにデメリットを抱えながらも、だらだらと続けてきた仕事先などとの関係にもいえることだ。

依頼は無理をして引き受ければ、心の重荷になる。重荷と感じるようでは、頼まれ事などうまくいくはずがない。その結果、相手の期待に応えられなくなり、人間関係がギクシャクする。こうした悪循環を招かない方法はただ一つ。最初にきちんと断っておくことだ。

ただし、断るにもそれなりのルールやマナーがある。相手はあなたを見込んで頼んでくるのである。そんな相手を不快にさせることなく、しかもシコリを残さずに断るにはどうするか。断り方の原則とその応用を心得る必要がここにある。

2
なぜ断りづらいのか――無用の心配をするな

◆断りづらい相手

人の役に立ちたいという願望は誰にでもあるものだ。何か頼まれれば、手助けしたいという気持ちは誰でももっている。だからといって、安易にオーケーの返事をしたり、しぶしぶ引き受けたりして、結局のところ、十分に応えられないとなれば、相手に迷惑をかけるだけでなく、自分の信用問題にもつながってくる。

依頼の内容を聞いて、「これはちょっと無理かな」と判断したならば、その場できちんと断るべきなのだが、そうは承知していても、なかなか断りづらい相手もいる。たとえば、親しくしている友人や、目をかけられている職場の先輩・上司、さらにはお世話になった学校時代の先輩や恩師、長年付き合いのある取引先の担当者など、依頼の内容はともかくとして、簡単には断りきれないものだ。断ったら相手にどう思われるだろうかという不安に襲われるからだ。

・これまでの友人付き合いにヒビが入るのではないか
・職場で睨まれることになったらどうしよう
・「恩を忘れた薄情な教え子」との烙印が押されるかもしれない

・次から仕事がこなくなるのではないか

要するに、人間関係への懸念が生じたり、仕事上の損得勘定が働いたりして、「ノー」を切り出しにくくなってしまうのだ。

◆勇気をもって断る

「ノー」と言いにくい最も単純な理由としては、相手のガッカリする顔を見たくないということがある。相手は期待しているからこそ頼んでくる。そんな期待が失望へと変わるのを肌で感じなくてはならないのだから、やりきれない思いになって当然だ。

だからといって、そんな状況を回避したいがために安易に引き受けて、結果、期待に応えられないとなれば、かえって状況は悪化する。ここはやはり、勇気をもって断るべきだ。友人や上司、先輩、恩師なら、道理をもって断りの理由を説明すれば必ずわかってくれるに違いない。

自分ができるときは「イエス」、無理なときには「ノー」とケジメのある態度で接していれば、筋道を通すヤツということで、逆に信頼を勝ち取ることもできるだろう。

問題は仕事先からの依頼だ。プライベートなこともあれば、ビジネス上のこともある。どちらの依頼であっても、もう一方に影響を及ぼすことは避けられない。「イエス」あるいは「ノー」の選択は慎重でなければならないが、あくまでも誠実な態度で対応するしかない。時には駆け引きも必要になるが、それにしても、人間的な裏づけがあってこそ成功するものと考えたい。

3 「イエス」「ノー」をハッキリさせる

◆婉曲な言い方は相手に通じない

人からものを頼まれて、断りにくいときに、つい口先に出やすいのが「ちょっと検討させてよ」とか「少し時間をください」といった類いの言葉である。答えた本人としては、婉曲的に断っているつもりでも、相手は必ずしも同じように受け取るとは限らない。

むしろ、〝前向きに〟検討してくれるということか、時間をかけて〝慎重に〟考えてくれるということか、と期待を膨らませてしまう。そして、さんざん焦らした挙句、「やっぱりダメでした」では、相手に迷惑をかけるばかりか、信頼も損ねる。

会合やパーティーなどへの出欠を問われる。行くつもりもないのに、「都合がついたら、行きますよ」。これなども、同じ類いの言葉である。しかも、期日までに断るならまだしも、当日になってのドタキャンでは、相手の期待を全面的に裏切ったも同然だ。

ある小料理屋のお女将さんが、笑いながら話してくれた。

「前日の夜になると、決まって電話がかかってくる人がいるんです。明日のゴルフは都合が悪くなったって……」

ドタキャンを平気でする人は、本人は気づいていないかもしれないが、信頼という大事な財産を失っているのである。

◆「ノー」を言うなら早めに

欧米人に比べ、日本人は「そこまではっきり言わなくても、わかってくれるだろう」と勝手に解釈し、相手に頼りきってしまう。頼り・頼られの関係のなかでは、先に見たようなドタキャンも、「このあいだは、どうも……」「いえ、べつに……」の一言ですんでしまうことになる。

　こうした甘えの関係こそが、断りの場面においても「検討します」とか「時間をください」といった曖昧な言葉を生み出す下地になっている。かつて「出席」か「欠席」かのいずれかにマル印を、と記した葉書の、その中間に印をつけたものを見たことがある。

　いまの段階では出欠の見定めがつかないという意思表示のつもりだろうが、受け取る側は困ってしまう。いずれは明解な返答を要するのだから、早いほうがよい。早めの「ノー」ならば、相手に対応の時間を与えるし、自分も心の負荷を早期に取り除くことができるからだ。

4 お詫びの言葉から入る

◆緩衝材としてのマジックフレーズ

相手からの依頼に対して「ノー」と断るのは、何にもまして強いメッセージである。断るほうも勇気がいるが、断られる側もかなりのショックを受ける。このインパクトの強いメッセージを和らげるには、詫び言葉から入るとよい。

「申し訳ないが、その件に関しては……」

「せっかくのご依頼なのに、今回ばかりは……」

このように、まずは相手の気持ちを察し、「詫び言葉」から切り出すのである。もちろん、口先だけでなく、心底からすまないという気持ちをもって応じれば、相手はわかってくれるだろう。

「どう、軽く付き合わないか」

と、仕事帰りに上司から誘われて、

「今日はダメです」

では、どんなに理解のある上司でも面白いはずがない。こんなときには、何はさておき、

「いやあ、すみません。今夜は……」

「ありがとうございます。せっかくのお誘いですが……」

と、断りの前にまずは詫び言葉を入れる。詫び言葉が緩衝材となって、「ノー」のもつインパクトを和らげてくれることになる。同じ断りであっても、面と向かっての〝拒否〟ではなくなるので、相手の心証も違ったものとなるだろう。

このように、相手の気分を害さないように先手で繰り出す言葉をマジックフレーズと呼んでいる。マジックフレーズは、注意や忠告、説得、さらには協力の呼びかけなど、さまざまな場面で使えるが、とりわけ断りの場面では効果的である。

ただし、あくまでも〝先手〟で発すること。後手に回っての「すみません」や「申し訳ありません」では、単なる言い訳になってしまうからだ。

◆マジックフレーズ（不思議の成句）

どんな場面でも、先手で使えば効果が倍増する。詫び言葉がその代表だ。

【挨拶の言葉】
・おはようございます
・こんにちわ
・お先に失礼します
など

【返事の言葉】
・ハイ
・わかりました
・承知しました
など

【感謝の言葉】
・ありがとうございます
・助かります
・恐縮です
など

【接客の言葉】
・よろしくお願いします
・いらっしゃいませ
・お待たせしました
など

【詫びの言葉】
・まことにすみません
・失礼致しました
・申し訳ございません
など

5 応じられない理由を伝える

◆「ダメなものはダメ」では通じない

頼み事を断るときには応じられない理由を述べる――この当たり前のことが意外とできていないようだ。「ダメなものはダメなんだ」式の理由のハッキリしない断り方では、相手は納得しない。たとえ子供に対してでも通用しないだろう。

妻と買い物に行ったときのことだ。紳士服売場で気に入ったネクタイがあった。近くにいた店員を呼んで妻が聞いた。次は、妻と店員とのやりとりだ。

「これ、どれくらいまで値下げしてくれるのかしら?」

「この商品はお安くすることができないのです。定価販売のものですので」

「でも、全品一から二割値引きと、ほら、書いてあるじゃないですか」

「ただ、これだけは定価でしかお売りできなのです」

妻は〝ダメなものはダメ〟式の店員の言い方に感情を害されたらしく、「そう」と一言いうと、その場を離れた。

もし、このとき店員から、「この商品だけは仕入れルートが別でして」とか、「お安くできないのは、すでにギリギリのところまで値引きしてあるからなのです」といった説明を受けたならば、妻は納得し、購入していたことだろう。

◆局面に応じた断りをきちんと述べる

断りの場面でも、「お引き受けできません」「それは無理ですね」の返事だけでは、相手の理解を得られない。なぜかというきちんとした理由、あるいは、もっともらしい説明がなされなければ、相手は戸惑うだけでなく、言葉に出せない何か特別の理由でもあるのかと、余計な疑心まで抱くことになるかもしれない。

それを防ぐには、応じられない理由を述べることが大事だが、その理由にもいろいろある。

1　物理的・現実的に不可能……忙しい、余裕がない、カネがない、能力がない、など
2　大義名分上できない……プライドが傷つく、筋が違う、など
3　第三者が反対している……課長に何と言われるか、女房に言い訳が立たない、など
4　健康上の問題……体調不良、体力的に頑張りがきかない、など
5　「日」や「年」が悪い……歳回りが悪い、めぐり合わせがよくない、など
6　権限がない……上司に相談しないと、会議に諮らないと、など

さまざまな内容の依頼に対して、それぞれの局面に応じて、断りの理由をきちんと述べることが必要である。

6 断りやすい雰囲気をつくる演出法

◆場の雰囲気は自らつくる

場には雰囲気というものがある。居心地のよい雰囲気もあれば、居心地の悪い雰囲気もある。しかし、どんなに居心地が悪くても話の輪のなかにいったん飛び込んでしまうと、いつの間にか、居心地の悪さを忘れてしまうこともあるものだ。雰囲気というのは与えられるものではなく、自らつくるものであるということだが、これは断りの場においても同様だ。

相手の話を聞いて、これは応じられないと思ったならば、断りやすい雰囲気、すなわち相手が頼みにくくなるような雰囲気づくりを心掛ける必要がある。

とはいえ、依頼してくるのは相手である。まず相手の話を聞くことから始まるのは当然だ。「ちょっと頼み事があるのだが」と電話をしてきた友人が会社にやってくる。挨拶もそこそこに、「君はいつ見ても、ちっとも変わらないなあ。学生時代そのままだよ。あの頃は面白かったね。ほら、クラブ活動の帰りに一緒によく立ち寄ったあの店、まだあるのかなあ……」。

依頼する側としては昔話に花を咲かせるなどして、頼みやすい、より親しみのある雰囲気をつくろうとするものだ。そして話が盛り上がった頃に、「実は……」と用件を切り出してくる。相手が敷いたレールの上を進んできただけに、いまさら後戻りも急停車もできない。ためらいつつも用件を聞き入れてしまい、あとで後悔することになる。

◆先手で〝話の仕切り直し〟をする

そうならないためには、どうするか。前置きが長いと感じたら、多少強引でも、話を途中で断ち切ってしまうのだ。

「そんなこともあったねえ。まあ、それはそれとして、さて用件というのは……」

居住まいを正しながら、真顔に戻って訊ね、話の方向を転換させる。先手を打って、〝話の仕切り直し〟を持ちかけるのだ。こうすれば場の雰囲気は改まり、以後、自分のペースに持ち込むことができるだろう。

相手の前置きが長いのは言い出しにくさが手伝ってのことかもしれないし、あるいは、こちらから言い出してくれるのを待っているからかもしれない。そうだとすれば、〝話の仕切り直し〟はなおさら必要だ。

相手が頼みにくい雰囲気をつくるには、「じっと頭を下げて考え込んだまま動かない」「窓際に立って苦渋の表情を浮かべながら遠くを見つめる」「おもむろに敬語を使って距離感を悟らせる」といった方法もある。演技がかっているのは言うまでもないが、相手によっては有効な切り札ともなるだろう。

7 自分なりの「主義主張」を持ち出して断る

◆主義主張には逆らえない

街頭でのビラ配りや署名の依頼なら、簡単に無視することもできるだろう。ところが、玄関先でのやり取りとなるとそうはいかない。何らかの対応を求められることになる。

チャイムが鳴って玄関のドアを開けると、男が立っている。

「海援社の坂本と申しますが、家のリフォームのことでお伺いしました。いえ、営業ということではないのです。アンケートに答えていただきたいと思いまして」

「ちょっと時間が……」

「お隣の西郷さん、そのまたお隣の木戸さんにもお願いしたところでして……。時間はかかりません。ほんの二、三分いただければすみますので」

こんなケースで、効果を発揮するのが「主義主張」による断りである。自分なりの断固とした考え方をタテに断りの理由を述べるのだ。

「アンケートの類いには一切お答えしないというのが私の主義なのです。内容のいかんに関わらず、情報としてどこでどう使われるかわかりませんから。そんな考えでいるものですから、申し訳ないが、お引き取りください」

こうハッキリ答えれば、これ以上の問答は無駄と悟って引き返すに違いない。この「主義主張」による断りは、政治や宗教といった類いの勧誘などには、とくに効果的である。

◆「性に合わない」と突っぱねる

「次期ＰＴＡの役員を、ぜひともお願いします。これは私だけでなく、皆さんの一致した意見でして、あとは了承の返事をいただくだけで結構ですから」

根回しを済ませたうえで、強引に迫ってくるケースも多い。こんなときには、その強引さを逆手に取って、

「私はそういうな強引なやり方自体が性に合わないのです。ですから今回は……」

と、切り返すのだ。あれこれと理由を並べ立てて断るよりは、このほうがインパクトがある。

強引かつしつこい相手には〝柳に風〟と軽く受け流す方法もあるが、短時間で決着をつけたいときにはこちらのほうが優るだろう。

◆依頼の仕方に注文をつける

時によっては、

「実は後藤さんにも頼んであるのですが、返事がこないのです。待っていても仕方がないので、ここは一つ、お引き受け願えないでしょうか」

といった依頼のされ方もある。

こうした場合には、

「お話はよくわかるのですが、私としては、あちらにもこちらにもという、天秤にかけるようなやり方は好きではないので……」

と突っぱねる。依頼の内容がどうのこうのという以前の段階で、即座にシャットアウトしてしまうのだ。

いずれのやり方も先手で繰り出さなくては効力は弱まる。相手の話の核心が見えたところで、ズバッと切り出すのだ。

そして、それまでの強い口調から一転して、やんわりと、

「生来、いたって頑固なものですから……。本当に申し訳ありませんが、なにとぞご了解ください」

と、丁重に詫びを入れれば、これ以上の交渉は時間の無駄と悟り、相手もあっさりと幕を下ろすことになるだろう。

8 相手と内容次第で断り方は変わる

◆断り方の四つのパターン

断り方は、「相手との関係」と「依頼の内容」、この二つの組み合わせによって、次の四つのパターンに大きく分類できる。

1　身近な人から簡単なことを頼まれたとき

日頃よく顔を合わせる人、たとえば家族や親類、職場の仲間、友人などがこれに該当するだろう。要するに、気心の知れた人ということである。こうした人たちから、負担の少ない簡単な頼み事をされたときにどう断るか。たとえ負担になるような依頼でなくても、ちょくちょくのことではイヤになる。断り方も大事だが、それ以前に相手が頼みにくい状況をつくっておければパターーである。

2　身近な人から厄介なことを頼まれたとき

〝厄介さ〟の基準は人それぞれだが、引き受けることで心の重荷になる、あるいは、そこまでいかなくても、イエスかノーか判断がつきかねるという場合も、これに当てはまるだろう。

3　関係の浅い人から簡単なことを頼まれたとき

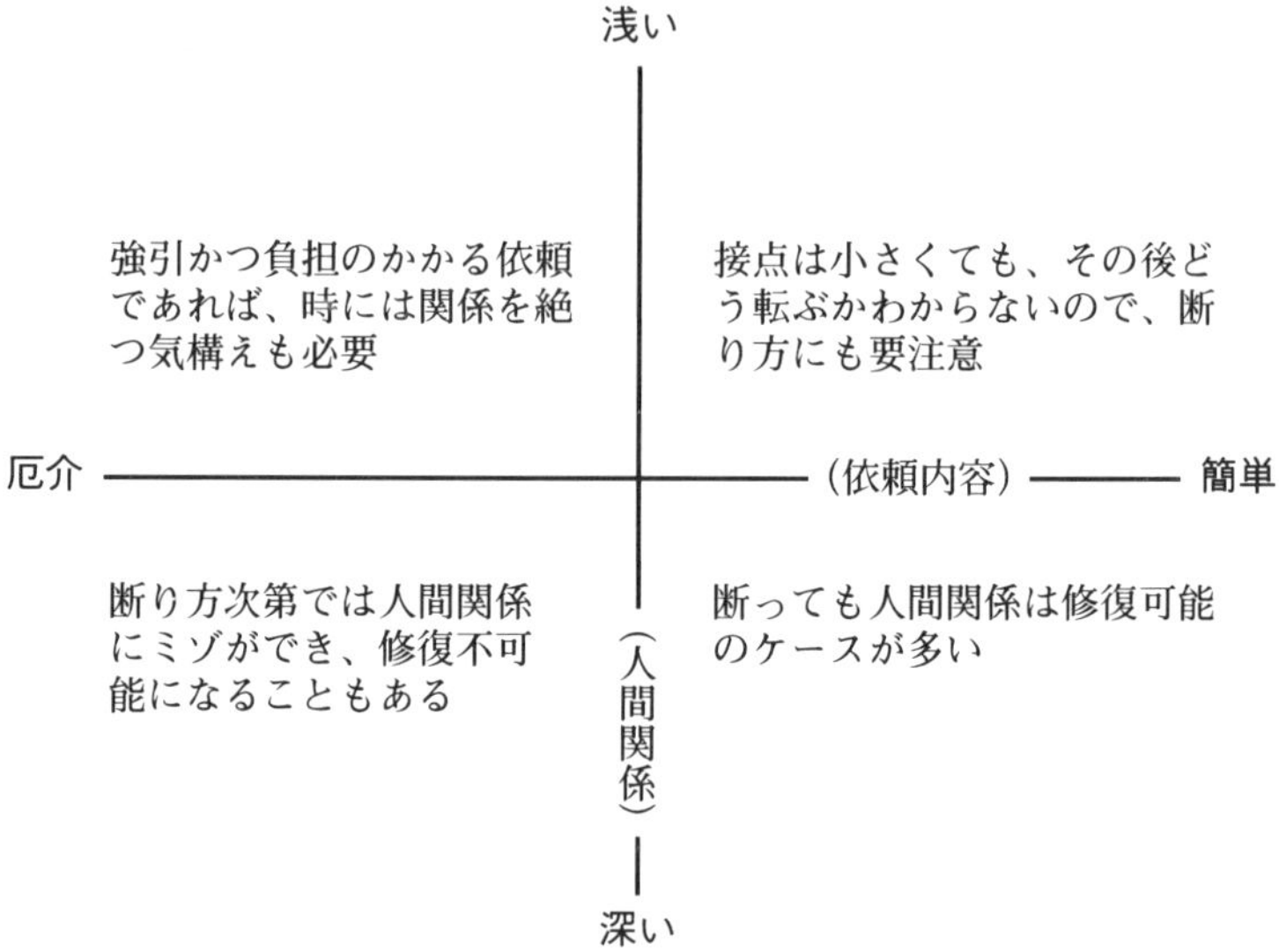

会社で顔は合わせていても一度も話したことがないとか、近所にいても挨拶を交わす程度の人、さらには飛び込みのセールスマンや飲食店の呼び込みの店員、新聞勧誘員……と、つまりは"かかわりの浅い人"から負担の軽い頼み事をされた場合は、どんな断り方をしたらよいか。

4　関係の浅い人から厄介なことを頼まれたとき

あまり馴染みのある相手ではないので、断るのは簡単そうに思えるが、どうせ断るなら感じよく断りたいものだ。結果は同じでも、プロセスに工夫を加えることで、相手の受ける印象に差が出てくるからだ。

◇　◇

この分類に従って、次項から一つ一つ見ていくことにしよう。

9 身近な人から簡単なことを頼まれたら

◆毅然として断っても、関係は修復できる

身近な関係であれば頼みやすく、一方、頼まれる側からすれば断りづらいのは当然だ。まして簡単な用件となると、なおさら断りにくくなる。それにいつなんどき、立場が逆転しないとも限らない。こんな不安も手伝って、最終的には安請け合いをしてしまい、あとで後悔をすることになりやすい。

後悔するくらいなら最初から断ればいいのだが、それができないのは、これまでの関係にヒビを入れたくない、良好な関係を保ちたいという気持ちがあるからだ。

しかし、そうした気持ちが、結果として裏目に出てしまうこともある。

それを未然に防ぐには、どんなに身近な人、親しい人であっても、断るべきときには断るという毅然とした態度を貫くことだ。

「申し訳ないが」「せっかくのご依頼ですが」といった詫び言葉を添えて、断りの理由をきちんと説明すれば、相手も納得してくれるに違いない。たとえその場で納得が得られず、人間関係が多少おかしくなったとしても、真に近しい関係ならば、修復はいくらでも可能なはずだ。

◆相手の言葉を鵜呑みにしない

では、どんな理由で断ればよいか。

相手は簡単なことなので引き受けてくれて当然、といった顔で頼んでくるはずだが、ここで大事なのは、依頼の中味がどの程度〝簡単〟なのかということである。

これから外出するという同僚が声をかけてくる。

「なに、大したことじゃない。見積りの件で、あとで先方から電話が入ることになっていてね。話を聞いて、今日中に課長に報告しておいてほしいんだ。オレ、帰りが遅くなりそうなので、悪いが、頼むよ」

承知はしたものの、退社時刻を過ぎても電話はこない。それから待つこと二時間、ようやくかかってきたが、結局、同僚のために、したくもない〝残業〟で居残るハメに……。

相手がいうところの〝簡単〟や〝容易〟を鵜呑みにすると、こんな災難にあいかねない。

◆〝認識のズレ〟を断りの糸口に

相手が「簡単だから……、大したことじゃないから……頼むよ」と言ってくる裏にはどんな心理が働いているか。大別すれば次のようになる。

1　本当に簡単で容易なことだと思って頼んでくる

2　多少相手に負担がかかるのを見越しながらも、いかにも簡単そうに装って頼んでくる依頼する当人は簡単なことと感じていても、実際に引き受けてみたらそうではないというケースも少なくない。

このあたりのニュアンスを承知のうえで引き受けるのならいいが、そうでなければ、次のように告げて相手の依頼にマックをかけてみてはどうか。

「大したことじゃないと君はいうが、本当にそうだろうか。先方からいつ電話がかかってくるかわからないし、かかってきても、担当でないとわからないことが出てきたりすることもあるからね。面倒なことになると仕事に支障をきたすことになるし……」

相手との〝認識のズレ〟を指摘するのだ。

どんな依頼であろうと、内容の難易を推し量る立場にあるのは依頼される側である。

そこで、自分なりの判断を下し、相手の見方とのあいだにギャップのあることを告げるのだ。このギャップを理由にして、断りの糸口にするのである。

身近な人からの簡単な頼まれ事というのは断りづらいものだが、このように言えば、相手も「一理はある。やむを得ない」と理解するはずだ。

10 身近な人から厄介なことを頼まれたら

◆負担を承知のうえでの依頼

心身ともに負担になりそうな頼まれ事というのはハナから断ればいいのだが、身近な人となると、簡単には断りきれないものだ。多少なりとも相手に負担をかけることを承知のうえで依頼してくるからである。要は、それだけ切羽詰った状況での依頼ということになる。

多いのが金銭の貸借や保証人の問題である。

よくある金銭の貸借の場合、身近な人から、

「ほかに相談するところがないので、なんとか頼むよ」

と言われれば、無碍に断るわけにもいかないだろう。現実におカネに余裕がなければ話は別だが、そうでなければ、

「仕方ない、まあ、なんとかするよ」

と、情が顔を覗かせることにもなる。ただし、その場合に大事なのは、融通したカネは返ってこないものと割り切ることだ。そのアテにしなくてすむ額を自分なりに定めておくのだ。この額までなら返ってこなくても許せると。

しかし、それ以上の額になったら、きちんとした理由を述べて断る。

◆身近だからこそ言える言葉

断りの理由としては、人間関係を壊したくないという点を真っ先に挙げるべきだろう。

「頼みにしてくれるのはありがたいが、この額になると、都合をつけるのが大変でね。君にしたって返すとなれば容易じゃないはずだ。それが負担になって、お互い気まずくなっては困るから、どうかその辺を察してもらいたいんだ」

相手の心情を思いやりながら整然と述べれば、こちらの気持ちは必ず通じるはずだ。ただし、断ったあとのフォローも忘れないこと。

「役に立てなくて本当にすまないが、ほかにできることがあれば、いつでも相談に乗るから」

断りの理由に人間関係を持ち出すのは、いささかキレイごと過ぎるように思われるかもしれないが、見ず知らずの他人にこんなことは言えるはずもない。身近に存在する人間だからこそ言える言葉と心得ておきたい。

◆結論をほのめかしておく

いまはよくてもいつなんどき、火の粉をかぶることになるかもしれないというのが保証人の恐さだ。依頼内容の重さからすれば最右翼となるだけに慎重を要するが、事が事だけに逆に断り方にあれこれと悩む必要はないだろう。

友人・知人からの依頼であれば、「とてもそんな柄じゃないよ。いつなんどき、リストラされるかわからないのに」とか「親から言われていてね、カネは貸しても保証人にだけはなるなと」などといった、半分冗談めかした言葉でも、こちらの真意は相手に伝わるはずだ。依頼する側にしても事の重大さは十二分に承知しているからである。

問題は身近な人で、しかも義理があったり世話になったことのある人からの依頼である。

この場合は、冗談めかして軽くかわすわけにはいかない。その場での即答を避け、

「ご期待には沿えそうにないと思うのですが、一応、家族とも相談してみます」

と、断りの返答をほのめかしながらも、時間をかけてじっくり考えたいという姿勢を見せるのだ。そして、後日、

「いろいろと考えましたが、やはり、ご期待には沿えそうにありません。申し訳ありません」

と、熟慮を重ねた末の結論であることを告げる。相手はガッカリするかもしれないが、先にノーを匂わせてあるので、極端に気落ちさせることにはならないはずだ。

金銭の貸し借りや保証人の問題のみならず、身近な人からの依頼はなかなか断りづらいものだが、状況によっては、一時の情に流されず、きちんと断ることが必要なときもある。そうすることで、それまでとは違った新たな関係に進展することもあるだろう。この点も含みつつ、断りの場に臨みたいものだ。

11 関係の浅い人から簡単なことを頼まれたら

◆相手の話を〝聞きすぎない〟

街を歩いていると、「少しだけお時間をください」とアンケートを求められたり、「ボランティア活動をしているものですが、お話を……」といって、呼び止められたりすることがある。

瞬時に断ろうと判断したならば、

「いまは時間がないので」

と即答すべきだろう。

もし、話を聞くだけでも聞いてみようかという気になっても、〝聞きすぎない〟ことが大事である。話を聞けば聞くほど、相手のペースにはまってしまうからだ。

「……というような趣旨でボランティアの活動をしているものですから、ぜひ募金の協力をお願い致します」

と求められてからでは、相手の要求に対して拒みづらくなってしまう。

こうした手口の最たるものは、かのデート商法だろう。客になりそうな人をデートに誘い、擬似恋愛の雰囲気を醸《かも》し出し、高級品を売りつけるというものだ。男の弱い部分を衝《つ》いた、まことに巧妙なやり口である。人は、いったんそうした雰囲気に包まれてしまうと後戻りできず、断りの言葉も口にしづらくなってしまうものだ。

◆依頼の目的を見極める

関係の浅い人がものを頼んでくる場合、心しておくべきことは、依頼の目的がどこにあるのか、ということだ。その見極めが大事である。道行く人に場所を尋ねられたり、カメラのシャッターを押してくれといった類いの依頼ならまだしも、ただ単にそれだけではすまないケースもなかにはあるからだ。

関係の浅い人に対しては、いきなり負担のかかることを持ち出すわけにはいかない。真の目的は忍ばせておいて、最初は容易にできそうなことから切り出してきたり、あるいは、まったく違った角度からアプローチしてくるものだ。

そのとき、どう判断するかが問題となるが、もしも断ろうと思ったならば、その旨を即座に伝えることだ。仮に相手の話を聞くにしても、最初に割ける時間を念押ししておく。

「わかりました。では、三分間だけ、話を伺います」

「急いでいますので、一分間だけならお話しします」

こうして時間を区切れば自分のペースを保てるし、相手の意図するところもすぐに掴める。そこで、自分なりの判断を下すようにすればよい。

◆目的が明らかなときには対応策を

私ども「話し方研究所」の事務所は文京区の湯島にある。近くに〝学問の神様〟を祀《まつ》る天神様があるが、一方、歓楽街も目と鼻の先にあり、夜、道を歩けば客引きの声がかまびすしい。どうしても、そこを通り抜けなければならないときなど、客引きの声は一段と大きく、疎ましく感じられる。

こんなとき、私は顔にマスクをつけて、カバンを重たげに持ちながら、いかにも疲れ果てたという表情を装って歩くことにしている。こうすると、道を抜けるまで、声をかけられたり袖を引かれたりすることもほとんどなく、いたってスムーズに歩くことができるからだ。

相手からの依頼の内容はすでにわかっている。しかも、その依頼に対しては「ノー」と答えることに決めている。

こんな場合には、事前の対応策を講じておくことでやり取りのいとまを与えず、あっさりとかわすこともできるのである。

12 関係の浅い人から厄介なことを頼まれたら

◆損することはないと考えて一切断る

「防災のために家の構造を調べさせてもらっているのですが、ちょっとよろしいですか」とか「地震対策で、一軒一軒回っているので、少し時間をください」、あるいは「電力会社のものですが、漏電の検査をさせてもらいたいのです」などと言って、業者が訪問してくる。いかにもそれらしい会社名を名乗って名刺を差し出してくるので、こちらもうっかり乗ってしまう。

ところが実際には、ありもしない欠陥を指摘して工事を受注したり、物を売りつけたりする詐欺まがいの業者だった——新聞やテレビを賑わすほどに多発しているので、ご存知の方も多いはずだ。「いまがチャンスなので、お早めに」「この地域は、今月がサービス期間なのです」などと親切そうに言ってくるので、つい、「それでは……」と受けてしまう人も出てくるのだ。

こうした訪問セールスに対しては内容のいかんに関わらず、「すべてお断り」という対処の仕方がある。

「私ではわかりませんので、そういう話は一切、お聞きしないことにしています。申し訳ありませんが、お引き取りください」

相手に取り付く島を与えずに、断るというより、かたくなな拒否の態度で応じるのだ。

◆見逃してはならない相手のアプローチの仕方

むろん、時には有益な話もまじっているかもしれないが、それもこれも含めてすべてシャットアウトしてしまう。得することはないが、損することもない、と割り切った考えに立てば、これも一つのやり方ではある。

特別にこの
地域をサービス
で廻っています
その類いの話は
一切お聞きしない
ことにしています
ので……

ただし、利害の絡む仕事上の話となると、すべて門前払いというわけにはいかないだろう。どこにどんな話が転がっているかわからないからだ。まったく見ず知らずの相手であっても、とりあえずは話を聞くことになる。

その場合、何を基準に評価を下せばよいか。それは次の三点である。

1　相手の人となり、要するに人物
2　話の内容
3　相手の、こちらに対する関係の取り方

人物にこれといった非はなく、話の内容も条件的にクリアしたとしても、三つ目の〝関係の取り方〟を見過ごしてはならない。

関係の浅い相手というのは、こちらとの距離を縮めるためにあれこれとアプローチしてくるものである。そのアプローチの仕方が性急か否かという点を見定めるのだ。

人と人との関係は一朝一夕にできあがるものではない。それなりの時間を経て形づくられるものだ。

これはビジネスでも同様だろう。いくら優秀な技術を擁しているからといって、簡単に取引に応じるような会社はそうあるものではない。そこに行き着くまでには、互いに相手を見定めつつ、確かめ合うという工程が必要になる。

そうした工程を省いて、強引に関係をつくろうという性急さが見え隠れしたときには、何がしかの事情を相手は抱えていると考えたほうがいいだろう。極端なことをいえば、数字が思うように伸びず、受注に躍起になっているとか、店をたたむ前に残品を売り尽くしてしまおうとしているとか、だ。

関係の浅い相手からの依頼に対しては、断る断らない以前の問題として、まずはアプローチの仕方から、相手の置かれた状況や目的を見極めるという姿勢が求められる。

第1章

シコリをあとに残さない職場での断り方

チームで仕事を進める以上、
時には面倒な指示や依頼を受けることもある。
その捌き方を損ねると雰囲気をぎくしゃくさせてしまう。

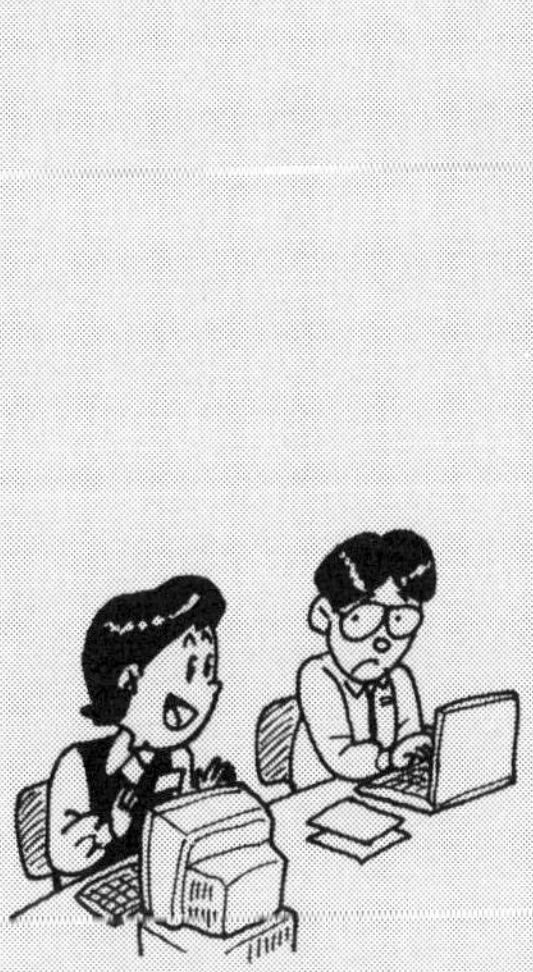

1 先約があるのに上司から残業を頼まれた

――会社帰りに友人たちと待ち合わせをしている。ところが、夕方帰社した上司から、「明日使う会議の資料を作成してくれ」と頼まれた。引き受ければ、先約を反故にするしかない。

◆思案する素振りを見せない

退社時刻間際になっての残業の依頼は、たとえ友人たちとの約束がなくても、「ハイ、わかりました」と素直には応じがたい。

こんなときには「どうしようか」と、思案する素振りを見せてはいけない。態度を曖昧にせず、断るならその旨をきちんと述べることだ。

ただし、「今日は無理です」とか「誰か、他の人にお願いします」などと、木で鼻をくくったような返答をしては、相手の心証を害する。そこで、まずは詫び言葉から入る。「申し訳ありませんが……」と前置きして、断りの理由を堂々と述べるのだ。

「実は、前々から友人と約束がありまして、どうしても行かなくてはならないものですから」

こう言っても、納得しがたい様子であれば、即座に次のように駄目押しをする。

「昨日も、〝明日は大丈夫？〟と電話がありまして……」

◆先手で伏線を張っておく

友人たちとの約束に関しては、次の点を強調する。

・以前からのものであること
・その間に何度も念押しをされていること

さらに場合によっては、すでに先方に連絡がつかない状況にあることを告げるのも効果的だろう。つまり先約が動かしがたい状況にあることを簡潔に説明するのである。こうすれば、よほどのことがないかぎり、上司も納得してくれるに違いない。

だが、突然の依頼だからといって、いつも断ってばかりいては、仕事に対する姿勢を問われかねないのも事実。「やる気がない」「頼りにならない」——こう思われては仕事がやりづらくなるし、人間関係にもヒビが入ってしまう。用事がなければ残業は快く引き受けるという心構え、日常の業務にしても積極的にこなすという態度が日頃から求められることは言うまでもない。

ただし、上司の性格からして、〝突然の依頼〟が予想される場合には、前もって同僚との会話のなかで、「今夜は友人と会うことになっていてね」などと、上司にも聞こえるようにサインを投げかけておくという方法もある。

〈断りのポイント〉

・先約が動かしがたい状況にあることを強調する。

2 残業の多い部署への異動を打診された

――共働きのために保育園に子供を迎えに行かなければならない、また、妻が体調を崩し、家事もしなければならない。そんな折り、残業の多い部署への異動を上司から打診された。

◆断りの根拠の輪を広げる

ビジネスマンなら人事異動は避けられない。だが、冒頭のような家庭の事情があり、日常的に残業の多い職場が異動先となれば、打診された段階でハッキリと断るべきである。家庭の現状を包み隠さず話し、上司の理解を得るしかないだろう。それでもさらにプッシュされたならば、「みんなが残業をしているなかで、私一人が帰るのは気が引けますし、そうなると、職場の志気に影響するのではないでしょうか。みなさんにも迷惑がかかることは目に見えていますし、まことに申し訳ありませんが、今回は……」

と、断りの理由はあくまでも私的なことだが、話をそれにとどめず、周囲や会社にもたらす影響についても言及する。断りの根拠の輪を広げるのだ。「職場の仲間に迷惑をかけたくない」という気持ちを前面に押し出せば、上司の理解はより得られやすくなる。

ただし、前提となる条件がある。普段からの仕事に取り組む姿勢である。残業はできないにしても、定時内で十二分に仕事をこなしている。率先して頑張っている。こうした評価を得ていれば、断っても〝身勝手〟という印象は薄らいで、周囲も快く受け入れてくれるに違いない。

◆返事をする前に話の核心を掴む

どこの職場でも人事異動の場合には前もって打診があるものだ。だが、時には打診というよりヒヤリングに近いケースもある。

「君はよく頑張っているようだが、いまの部署で何年になるかね。そう、五年か。早いものだが、この辺で、何か新しいことに取り組んでみたいという気持ちはあるかね」

こう問われて「ハイ」と返事をしたばかりに、異動を内諾したものと取られてしまうこともよくあることだ。

言葉の足りない上司も問題だが、説明を求めない部下にも非がないとはいえない。人事に絡む話、とくに個人的な事情から異動をスンナリと受け入れられないという場合には、断るにせよ、了承するにせよ、相手の言葉の一つ一つの意味やニュアンスまで聞き逃さないようにしなければならない。

〈断りのポイント〉

・**身勝手という印象を和らげるために、断りの理由を私的な域にとどめない。**

3 高齢者が多く覇気のない部署への異動を打診された

――仕事は頑張っている。職場の雰囲気も仲間との付き合いも良好だ。ところが突然、人事異動を打診されてきた。異動先は年輩社員の多い、いかにも覇気のなさそうな部署。

◆うかつな返答は避ける

異動を打診してきた上司に返答をする前に、まず確かめておくべきことがいくつかある。集約すれば、それは次の三点になるだろう。

1　その部署になぜ行くことになるのか……異動の目的
2　そこでやるべき課題は何か……異動先での役割
3　どういう立場で行くのか……異動先での立場

これらが明確になったうえでなければ、うかつな返答は避けるべきだろう。新しい部署で権限を与えられ、「リーダーとしてみんなを引っ張り、成果を上げてほしい」ということであれば、それに基づいて判断することになるが、それでも即断は避けるべきだ。先輩や同僚などから情報を集めてからでも遅くはない。

「高齢者が多いということは窓際的な部署なのか」「活気がないように見えるが、現実はどうなのか」――周囲の意見を聞くことで、新たな判断材料も生まれてくる。職場の雰囲気などというものは、外から見ただけではわからない。時間をかけて検討してもいいだろう。

◆現状のほうがプラスになることをほのめかす

さまざまな角度から検討した末に、結局、断ると判断したならば、その旨を率直に上司に告げるべきだ。ただし、そこで消極的な姿勢を見せてはいけない。「行きたくない」とか「避けて通りたい」という態度は禁物。相手の目を見据えて、こう述べるのだ。

「行きたいのはやまやまなのですが、いまやっている仕事が面白くてたまらないのです。続けていくことで、さらに成果が上がるのではないかと確信しています。新しい部署への異動は、もっと結果を出してからにしていただけないでしょうか」

仕事に取り組む姿勢を見せながら、現状のままのほうが会社にとってもプラスになるということをほのめかすのだ。人事異動の場合、それを上手に断るテクニックというものは、磨いて身につくというものではない。あくまでも本人の情熱次第であると肝に銘じたい。

〈断りのポイント〉

- **「行きたくない」「避けて通りたい」という態度は決して見せない。**
- **「いまの仕事でもっと成果を上げたい」と言う。**

4

気が進まない幹部昇進をほのめかされた

――ワンマン社長のもとでは、課長であろうと部長であろうと、権限は平社員に等しい。社長の一声で、すべてが決裁されてしまうからだ。課長への昇進を部長からほのめかされたが、待遇も現状とさほど変わらず、責任が重くなるだけ。断りたいのだが……。

◆正論の落とし穴

幹部への昇進となれば、誰でも嬉しいはずだが、なかには役職といっても名ばかりで権限が伴わないケースもなくはない。権限という権限は社長に一極集中し、責任だけは押しつけられる。こうした状況では、幹部への登用を匂わされても、尻込みしたくなるかもしれない。

では、何と言って断るか。昇進をほのめかしてきた部長にしても社長の意向を受けてのことだ。どう断ったにせよ、返答の内容は社長にそのまま伝わることになるだろう。この点もわきまえておかなければならない。そこで、たとえば次のように断った場合はどうか。

「お話はありがたいのですが、私には荷が重過ぎます。まだまだ力不足ですので……」

これを伝え聞いた社長はどう感じるだろうか。丁寧な辞退の申し入れだけに、遠慮気味な態度と受け取るかもしれないが、そうであれば、鉾先は部長のほうに向けられることになるかもしれない。「どうしてもっと強く言わないのか。キミは押しが足らん」と。

部長の立場を考慮しつつ、しかもシコリが残らないように断るにはどうするか。そのためには"先手で一笑に付す"という方法が考えられる。相手の言わんとすることが判明した段階で、「部長も人が悪いですねぇ。私が課長だなんて、とても柄じゃありません。第一、いまで精一杯なのに、冗談がキツすぎますよ」

◆間髪入れず笑い飛ばす

と、先手で間髪入れず笑い飛ばしてしまうのだ。何度押し返されても、一貫して冗談として受け流す態度を貫ぬけば、部長もこちらの気持ちを察して、「仕方ないか」ということにもなるだろう。深刻さがみじんもないだけに、部長としては社長に報告しやすくなるし、社長は社長で「困ったものだ」と苦笑の一つも洩らすことになるかもしれない。

そうなればまずは成功となろうが、ただし、このやり方は同じ相手には何度も通用しない。暗黙の了解、つまりは互いに察し合うという、危いバランスの上でしか成り立たないからだ。いざというときのために温存しておきたい方策である。

〈断りのポイント〉

・**あくまでも冗談として捉え、受け流してしまう。**

5 荷が重いプロジェクトチームのリーダーを打診された

——新商品の開発に伴って、販売促進チームが結成されるが、そのリーダーになれと上司から言われた。チームにはベテランの先輩が何人もいる。たまたま前期の業績がよかったので選ばれたのだと思うが、各部署選りすぐりの混成チームをまとめていく自信がない。

◆クドクドと断りの理由を述べない

いまや女性社員が幹部に抜擢されたり、若い社員がチームリーダーに登用されたりすることも珍しいことではない。会社としてはある程度のリスクは織込みずみのはずだから、潔く引き受け、チャレンジしたいところだ。

しかし、ハナから自信がないというケースもあるだろう。こうしたときには、「前期はたまたま業績がよかっただけで、経験も浅く、とてもその任ではありません。成果が上がらず、会社に迷惑をかけては申し訳ないので、今回はなにとぞベテランの方に……」と、正面切って、大まかに断りの理由を述べるしかないだろう。

ここで、「先輩は使いづらいので」とか、「混成のチームは初めてなので」などと、断りの理由を事細かに述べれば、「その点は大丈夫、ちゃんとサブをつけるから」「そんな心配はいらないよ。

それに関してはね」などと次々に対応策を繰り出され、かえって断りづらくなってしまう。あくまで対応策の見出しにくい理由を並べることが、反撃の目を摘むことになる。

◆フォローの言葉でプラスイメージに

このケースで上手に断るには、〝力量不足〟を打ち出すことだ。「力がなく、その任ではないので、今回は……」と、我が身の能力不足と引き換えに、上司の納得を引き出すのである。

ただし、次のようにフォローしておくことも必要だろう。

「まだ未熟ですので、お引き受けかねますが、メンバーとして選ばれたのは大変嬉しく思っています。今回、リーダーとなる方のやり方を手本にして勉強し、自信をつけるようにしますので、そのときにはチャレンジさせてください」

今後も積極的に仕事に取り組んでいくという心がまえ、機が熟せば再度チャレンジしたいという思いを、言葉できちんと表現しておくのだ。この一言を添えることで上司も納得してくれるに違いない。断るという行為にはとかくマイナスイメージがつきまとうが、フォローの仕方次第では、プラスイメージに転化させることができるのである。

〈断りのポイント〉

・断るときにはフォローを忘れない。

6 拘束時間の長い社長室勤務を打診された

――会社への通勤時間が往復三時間以上かかる。プライベートな時間は電車の中くらいだ。そんな状況で、上司から社長室への異動をほのめかされた。拘束時間が長いので、どうにかして断りたいのだが。

◆「体力の問題」や「家庭の事情」を持ち出す

社長室といえば、中心となるのは秘書業務だろう。会社の中枢を担うトップ直属の部署、他人からは羨ましがられそうなポストだが、常に気が抜けず、拘束時間が長いのも事実。また、出退社の時間も一定していない。通勤時間の長い人にとってはとくに荷が重いだろう。

だが、断りの理由として、正直にこの通勤時間の長さを持ち出すのは得策ではない。通勤に時間のかかる人はほかにも大勢いるだろうし、そもそもそれを承知のうえで入社したのだから。

したがって、「体力の問題」や「家庭の事情」といった理由が妥当な線ではなかろうか。

たとえ、体力にはそこそこ自信があったとしても、

「社長室の仕事は激務と聞いています。私としては体力がついていけないように思えるのです。風邪を引くと熱を出しやすい体質で、寝込んで迷惑をかけることになると、申し訳ないではすま

されないことになりますし……」

と、申し出る。あるいは、家庭の事情を持ち出すとすれば、次のようになろう。

「両親とも健在なのですが、最近、めっきり弱ってきていまして、何かと世話がかかって仕方がありません。妻も働きに出ているもので……」

◆嘘も方便と割り切る

根も葉もないまったくの空言でははばかられるが、こうした兆候が無きにしも非ずということであれば、その点を拡大して大げさに伝えるのだ。当人としては多少負い目を感じることになろうが、時には嘘も方便と割り切って乗り切るしかない。

それでもさらに詰め寄られれば、次のように答えればよい。

「お引き受けしたものの、途中で降板することになっては、なによりも会社に迷惑がかかってしまいます。その点もご判断のうえ、どうぞご理解ください」

「会社のため」というセリフは、いわば伝家の宝刀のようなもの。たとえ苦し紛れであっても、堂々と持ち出せば、切れ味も増すことになるだろう。

〈断りのポイント〉

・あくまでも「会社のため」という大義名分を強調する。

7
業績不振の子会社へ出向し、立て直しを依頼された

――独立した販売子会社への出向を打診された。体調を崩している社長に代わって指揮をとり、落ち込んでいる業績を盛り返してほしいという依頼。まさに青天の霹靂で、また、そんな自信もない。何とか断りたいのだが。

◆依頼の根拠を見定める

なにはともあれ、トップとして力を発揮してほしいという依頼がくるのは名誉なことだろう。過去の業績を評価されてのことだろうが、受けるにせよ断るにせよ、まずはその理由をきちんと聞いておく必要がある。会社として真に業績を回復させようという意思があってのことなのか、あくまでもリリーフ的な人事で、その場しのぎのものなのか、この違いによって、こちらの腹づもり、対応の仕方も変わってくるからだ。

話の内容からして、ピンチヒッター的な意味合いが強ければ、断るのはさほどむずかしくはないはずだ。ほかにも候補者を立てている可能性が高いからである。体調の問題や家庭の事情など、当り障りのない理由を挙げて辞退しても、二度三度と強く詰め寄ってくることはないだろう。

問題は、会社が根本的再建策を考えており、「そのために君の力が必要」と迫られたときだ。

◆急いで結論を出さない

「君に全権を委任する。こちらとしても全面的にバックアップするつもりだ。会社の窮状を救うと思って、ぜひ引き受けてもらいたい」

こう言われて断るのは、ハッキリ言ってむずかしい。相手の期待や信頼に背を向けることになるからだ。こうしたケースでは、たとえ辞退する腹づもりであっても、とりあえずは相手の話に耳を傾け、途中で軽々しく意見や考えを差し挟まないことだ。きちんとした結論を見出すために話を聞き、判断材料を仕入れているという姿勢を貫くのである。そして、最後に、

「お話はわかりました。即答できる問題ではありませんので、じっくり考えさせてください」

と、後日返答することを約束する。ただし、約束の履行は急いではならない。相手がヤキモキし出す寸前のタイミングを見計らって、こう切り出すのだ。

「家族とも相談し、いろいろ考えたのですが、私には荷が重過ぎると思います。私より適任の方がほかにいるように思われます。せっかくのお話で、大変残念なのですが……」

苦渋の決断であることを匂わせるのだ。再考を促しても無駄だという、こちらの堅い意思が伝われば、まずは成功といえる。

〈断りのポイント〉

・熟慮したうえでの決断であり、再考の余地はないことを匂わせる。

8 婚約者がイヤがる海外勤務を命じられた

――半年後には結婚を控え、式や披露宴の準備で何かと忙しい。そんな折、人事異動で長期の海外勤務を言い渡された。新婚生活を海外で送るのも悪くはないが、婚約者が断固として「ウン」と言わない。転勤をうまく断る方策はないものか。

◆「婚約者の反対」ではみくびられる

会社というのは個人のプライベートな事情は意に介さないものである。いちいち忖度《そんたく》していたら、組織としてのまとまりがつかなくなってしまうからだ。

結婚の場合でも同じ。転勤や長期出張、あるいは昇降格などと重なることがあってもなんら不思議ではない。ビジネスマンとしてはそうした事態にいつ直面してもいいように、覚悟を定めておかなければならない。

だが、一番身近な人となる婚約者の反対にあっては、転勤をスンナリと受け入れるわけにはいかないだろう。新婚早々夫婦でいがみ合うというのは決して褒められたことではないし、仕事にも影響を及ぼすことになるからだ。

ここは婚約者の意を汲んで、海外勤務を辞退するとすれば、どんな理由が考えられるだろうか。

◆"一過性の理由"を持ち出す

事実だからといって、正直に「婚約者の反対」を前面に打ち出すのは最もマズいやり方だ。「婚約者の反対」をタテに、たとえ転勤から免れられたとしても、上司からの評判は決してよいものとはならないし、以後、"婦唱夫随"との烙印がついて回ることにもなりかねないからだ。

ここで大事なのは、あくまでも"一過性の理由"を持ち出すこと。いまはダメでも、将来は大丈夫という含みを持たせて応じれば、相手の意向に真っ向から背くことにはならない。

家庭の事情を辞退の理由にするにしても、「婚約者の反対」ではなく、「両親や兄弟の急病」などを持ち出したほうがまだしも無難といえる。

個人の意思と組織の規範。両者が相対する場面は多く、葛藤の連続といってよい。そこにどう折り合いを見出し、整合を図るか——。

これもまたビジネスマンの力量の範疇とすれば、「断り」に関しても、単なる対症療法的な技術として見るのではなく、調整能力や整合能力として捉えていく必要があるだろう。断ったはいいが、チャンスを逃してしまった——こんな後悔をしないためにも、調整能力・整合能力としての「断る力」を高めていきたいものだ。

〈断りのポイント〉

・**"一過性の理由"を掲げ、将来への含みを残す。**

9 人の顔を見ると用事を頼んでくる同僚がいる

——頼んでくる用事というのは大したことではない。ついでにお願いしたいという程度のことなのだが、あまりに頻繁なので困っている。つい引き受けてしまう自分も悪いのだろうが、相手が頼みにくくなるような、何かよい手立てはないものか。

◆〝既成の事実〟をくつがえす

「これから工場に行くのなら、悪いけど、この書類届けておいてくれないか」とか「ああ、ちょうどよかった、この箱、下まで一緒に運んでよ」などと、いとも気安く頼んでくる人間はどこにもいるものだ。些細な依頼で、しかも親しくしている相手なので、つい引き受けてしまう。だが、それもちょくちょくとなると嫌気もさしてくる。

こうした相手には一度きちんと話をしておく必要がある。相手は親しさという関係に寄りかかって当たり前のように頼んでくるわけだから、なにはともあれ、「引き受けて当然」という〝既成の事実〟をくつがえすことから始めねばならない。そのためには、「悪いが、いまは忙しくて、ちょっと……」などと中途半端に言葉を濁《にご》らすのでは力が弱い。一時凌ぎで終わってしまうからだ。ならば、何と言って対応すれば相手の口をふさげるか。

◆「責任」をチラつかせて緊張感を醸し出す

「その書類、自分で届けたほうがいいのじゃないか。頼まれてたびたび届けてるけど、届け忘れたり、なくしたりしたらどうしようかと、これでも結構気を使ってるんだ」

と、改まった態度で告げるのだ。さらに、

「何か事が起きたら、どう責任をとったらいいか、その辺のこともあるしね」

と、責任という言葉を持ち出せば、場には多少なりとも緊張感が漲ることになる。親しければ親しいほど、相手はこちらのいつもとは違った様子に、態度を改め、きちんと話を聞こうという姿勢になるだろう。そこで、次のように駄目押しをするのだ。

「子供の使い走りのような用事でも、引き受けたからには、おざなりにはできないからね」

ここまで言えば、さすがに相手も、こちらの気持ちを察するはずだ。ただし、こんな対応策も効き目は一時だけで、すぐに元の木阿弥というタイプの人間には、何か用事を頼まれた時点で、

「いやあ、悪い悪い。忙しくてそれどころじゃない。自分のことだけで精一杯」

と即座に、快活に軽く一蹴する。頼まれるたびにこれを繰り返していけば、やがて、こうした対応が〝既成の事実〟となる。

〈断りのポイント〉

・**「何でも引き受けてくれる」という既成の事実をくつがえす。**

10 仕事中に女子社員がやたらと甘えてくる

——仕事でチームを組んでいる後輩の女子社員。仕事中なのに、「どこそこへ連れてって」とか「おいしいお店があるのですけど……」と甘えてくる。周りからは好奇の視線を向けられているようで、どうにも落ち着かない。やめさせるには何と言えばよいか。

◆公私の別をわからせる

「六本木ヒルズって、行ったことないんです。先輩、今度、案内してくれませんか」とか「おいしそうなお店を見つけたんですが、時間のあるときに連れてってくださいよ」などと、後輩の女子社員がやたらと甘えてくる。

人目をはばからず、突然言ってくるのでまいってしまう。「アイツら、ナニかあるのでは…」と勘ぐるヤツも出てくると思うと、正直ヒヤヒヤする。自分としてはそんな気持ちはサラサラないし、彼女も何の衒《てら》いもなくケロッとして言うので、それが救いといえば救いだが、それにしてもしょっちゅうのことでは、「ま、そのうち」と言葉を返すのさえ面倒になる。

彼女のこうした態度が依然として続くようなら、一度、きちんと話す必要があるだろう。「職場でプライベートなことを持ち出すのはご法度だよ。それくらい、君だってわかってるはずじゃないか。以後、勤務中、私語は慎むように」

仕事のパートナーだから、機嫌を損ねてヘソを曲げられたりしたらかなわないが、先輩としてこの程度の忠告はすべきだろう。

◆自分で〝タネ〟を蒔いていないか

先輩
連れていって
ください
おいおい
仕事中だぜ…

そもそも彼女は、なぜそんなことを言ってくるのか。何か理由があるはずである。こちらに思い当たるフシがないかどうか、まずは自らの言動を振り返ってみてはどうだろう。

「六本木ヒルズ、まだ行ったことないの？　都会の夜の眺めとしては最高だね。君にも一度、見せたいくらいだよ」

「こう見えても、結構、グルメなんだ。いい店も知ってるよ。お客さんとの付き合いもあるから、君も知っておいて損はないはずだ」

休憩時などに、誘うつもりもないのに、いかにも気を持たせるようなクチ振りで話していないかどうか。

もしそうだとしたら、非は彼女ではなく自分のほうにある。たとえ、そこまでの言い方や振る舞いには及んでいなくても、何か思い当たるフシはありはしないか。

◆日頃から言い出しにくい雰囲気をつくっておく

彼女の振る舞いが、〝自分が蒔いたタネ〟によるものなら、自らの言動をすぐに改めなければならないが、同時に彼女に対しては、仕事上でプレッシャーをかけていく必要があるだろう。勤務中に仕事に関係のないプライベートな話題を持ち出すというのは、まだまだ仕事に余裕がある証拠でもある。

「夜景のきれいなお店？　そんなこと考えているようなら、まだまだ大丈夫。この件に関しても任せるから、今日中に頼むよ。今日中だよ。いいね」

負荷のかかる業務を次から次へと委《ゆだ》ねていけば、雑念など想い浮かべる暇はなくなるに違いない。仕事で追い込んでいくことは、結局は相手のためにもなる。

断り方のスキルを身につけることは大事だが、それを駆使しなくてもすむような状況をつくり上げる。これもまた大事なことである。

〈断りのポイント〉

・いちいち断らなくてもいいような状況をつくり上げる。

第2章

私的付き合いで人間関係を壊さない断り方

「パワーハラスメント」が問題になっているが、
職場を離れた上司の〝お願い〟にもその危険性がある。
下手に断ると毎日が苦痛の日々になりかねない。

1 直属の部下が結婚費用を貸してくれと頼んできた

――結婚することになった部下が、式の費用が足りないのでお金を貸してくれと言ってきた。額は二〇万円。決して小さな額ではない。それに金銭の貸し借りはしたくない。

◆余裕がなければありのままに

現実にお金に余裕がなければ、いくら貸したくても貸すことはできない。気は重くても、ありのままに理由を話すしかないだろう。

「ハッキリ言って余裕がないんだ。ボクの小遣いも月々三万円だからねえ。ホント、大変なんだよ」

上司としての威厳を損ねることになるかもしれないが、クドクドと口実を設けて逃げの姿勢を見せるよりは、スッキリしている。むしろ、部下に同情されないように気をつけたいくらいだが、なかにはたとえお金に余裕があったとしても、金銭の貸借はしたくないという人もいるだろう。金銭貸借上のトラブルを身近に見てきたり、あるいは同様のトラブルに巻き込まれたことがある人ならば、貸すのも借りるのもゴメンだという気持ちになって当然だ。

しかし、そんな気持ちを伝えるにしても、相手は気心の知れた部下だりに、杓子定規な感じがしてイヤだというのであれば、「家庭の事情」などを持ち出して断ればよい。

◆目下でも謙虚に対応する

「君も知ってのとおり、今度上が高校で、下が中学、何かと学費がかかってね。それに住宅ローンも残っていて、これでも大変なんだ。本当に申し訳ないのだが、事情を察してほしい」

改まった口調で、応じられない理由を具体的に述べ、詫びの言葉で締めくくる。たとえ相手が部下であっても、「すまない」という、謙虚な態度と表現を忘れてはならない。

ただし、部下の気持ちを察すれば、このまま見過ごすわけにはいかないだろう。自分の代わりに誰かを紹介するとか、費用の面でやりくりできないかといったアドバイスはできるはずだ。

最悪なのは、イヤミを言うことだ。「式の費用もないのに結婚したいとは、あきれてモノが言えないよ」。仮にそんな雑言を吐いたにせよ、「式が挙げられずに、一生恨まれたんじゃかなわんから、なんとかするよ」とのフォローがあれば株も上がろうが、イヤミを言ったうえに「カネは貸せない」では、上司としてのみならず、人としての信望を失うことになる。たとえイヤミの一つや二つ言える仲であっても、断りの局面では謙虚な姿勢を保ちたいものである。

〈断りのポイント〉

・口調を改めて断りの理由を述べ、すまないという態度を示す。

2 先輩がちょくちょく飲み代を立て替えさせる

——会社帰りに飲みに誘ってくれるのはいいが、ときたま勘定を払わされる。「ちょっと立て替えておいてくれよ」と言われて、言われたとおりにすると、あとで返してくれたためしがない。なんとか勘定を立て替えずに済む方法はないものか。

◆明るくかわし、追い討ちをかける

勘定を払わずにすむ最も手っ取り早い方法は、先輩から誘われても付き合わないことだが、これでは仕事をしていくうえで差し障りが出るだろうし、第一、大人気ない。おそらく、ほかの人にも同じようなことをしているはずだから、本人の注意を喚起する意味でも、正面からきちんと向き合って対応すべきだろう。

「どう、今夜?」と誘われたならば、「先輩のゴチですか?　それとも割り勘ですか?」と、すかさず投げかける。「もちろん、奢りだよ」となれば、「ご馳走様です」と言ってついていけばよい。「まあ、そんなこと言わずに、とりあえず行こう」と言葉を濁らせたときには、赤信号と捉えて、「いま、ピンチなんですよね。また今度お願いします」と、明るくかわすのだ。

そのうえで、いかにも思い出したように、さらりと追い討ちをかけるのだ。

「そういえば先輩、この間の立て替え分、まだ返してもらってませんよね」

◆窮地に追い込んで気づかせる

返してくれるか否かは別にして、約束は反故《ほご》にはなっていないというサインを送るのである。もちろん、返してくれるに越したことはない。しかし、たとえ返してくれないにしても、約束を果たしていないという負い目は十分に感じさせることができるだろう。

ただし、誘われるたびにこんなやり取りをするわけにはいかないのも事実。なにかの拍子で揃って飲みに出かけ、帰り際、いつもの、

「悪いが、ちょっと立て替えておいてくれないか」

との言葉が出たときには、いかにも困ったフリをして、こう言えばよい。

「実は、ボクも、今日は持ち合わせがなくて……」

相手が困り果てた表情をしても、知らぬ存ぜぬを通すのだ。こちらも弱ったという顔をして、決して折れないことだ。一度、苦い経験をすれば、次からは先輩も心して誘ってくるに違いない。苦肉の策ではあるが、少しばかり痛い目にあわなければわからないという相手には効果がある。

〈断りのポイント〉

・**「自分にも持ち合わせがない」と言って断る**。

3 ソリの合わない上司に食事に誘われた

——なにかと細かくて口うるさい上司がいる。人間的にもう一つ好きになれない。そんな上司から「晩飯でも食わないか」と食事に誘われた。顔を合わせるのは職場だけでこりごりなのに、退社後もと考えると……。

◆大事なのは理由よりも返答の仕方

会社はさまざまな人間の集合体なので、どうにも好きになれない人の部下になることもある。ただし、仕事をする場なのだから、そうした気持ちを態度に表わすのは問題だ。相手が上司であればなおさらのことである。そうした人とは職場だけの付き合いと割り切ったなら、食事に誘われても無理についていくことはない。

「どう、よかったら晩飯でも食わないか。もちろん、オレの奢りだよ」

こう言われたら、

「いやあ、せっかくのお誘いですが、実は女房と待ち合わせをしていまして。たまには外の空気を吸いたいというものですから。本当に申し訳ありません」

と、明るく、かつキッパリと断ることだ。理由は何でもよい。取ってつけたような理由でなければ、思いつくままに口にしても差し支えないだろう。この場合、重要なのは理由云々より、返答の仕方である。

◆相手の気持ちを推し量る

ソリの合わない相手には、「ちょっと、用事がありまして……」とか「いやあ、そのお、今日は……」と、得てして言葉が濁りがちになるものだが、それでは逃げの姿勢であることを見抜かれてしまう。あくまで明るく、おおらかに断る、これが大事である。

しかし、人間とは不思議なもので、こちらがソリが合わないと思っていると、相手も同じ感情を抱いているもの。態度には表わすまいとしていても、どこかで顔を覗かせてしまう。

この上司も、ひょっとしたら、部下の自分に対する思いに気づいていて、自分もそれなりの感じ方をしているとも考えられる。それでも誘ってくるということは、職場の仲間としてギクシャクした関係にならない前に歯止めをかけようという思いがあってのことかもしれない。

そのあたりのことまで視野に入れて対処するとすれば、誘われるたびに断るのではなく、三度に一度くらいは快く付き合うほうがベターだろう。

〈断りのポイント〉

・明るく、おおらかに、かつキッパリと断る。

4 「晩飯を食べていけ」と上司から勧められた

――休暇を取っている上司の家に所用で立ち寄った。用事が済むと、「晩飯を食べていけ」と言う。家を訪ねたのは初めてで、どうにも落ち着かない。さっさと帰って、早くリラックスしたいのだが、どうすればよいか。

◆理由はともかく丁寧に

「食事をしていけ」と言う相手の本音がどこにあるのか、まずはそれが問題となる。単に時間の頃合いを見てそう言っているだけなのか、それとも本心からそう望んでのことなのか。

このあたりの判断は状況によりけりだが、もし便宜的に言っているのだとしたら、その言葉の裏には「時間も時間だし、そろそろ、帰ってほしい」という含みがあるものだ。そうそうに辞去すべきだろう。

一方、本心の場合はどうか。

たとえ本心から出た言葉であっても、ここはやはり遠慮すべきではなかろうか。初めて訪れた家で、しかも食事まで用意してくれるとなれば、それ相応の負担をかけることになるからだ。それに疲れていて、早く帰りたいということであれば、なおさらだ。

「せっかくなのですが、どうしてもお暇《いとま》しなければならない用事があるものですから」

理由はともかく、丁寧に断ることが何より大事である。

◆理由を具体的に述べる

「そんなこと、おっしゃらずに、いま用意していますから」

たとえ奥さんからこう言われても、折れないこと。曖昧な態度になったり、「それでは、お言葉に甘えて」となっては、簡単に言をひるがえす腰の軽いヤツと思われかねない。

重ねて引き止められたなら、「実は今日は、家に子供だけでして」とか「久しぶりに親類のものがきているものですから」などと、用件の内容について具体的に触れればよい。ここまで言えば、相手も納得してくれるだろう。

「食事でも」と言われても、それだけではすまないこともある。酒を酌み交わすことになれば時間が長くなる。それだけ相手の負担も重くなる。

社外でのこととはいえ、気を抜いてはならない。職場を離れても、上司というものは、部下の所作や振る舞いに怠りなく注意を払っているからだ。

〈断りのポイント〉

・再度請われたときには、"用事"の中味を具体的に述べて断る。

5 オレたちのグループ(派閥)に入らないかと誘われた

――社長の息子が入社して一〇年、いまでは常務となっている。最近では、常務の取り巻きも増えてきた。社長と常務、何かにつけて対立することが多く、社長派と常務派という構図が鮮明に。若手の多い常務派から、「一度、常務に会ってみないか」と誘われた。

◆話が出た段階ですぐに断る

帰りがけに珍しく同僚が声をかけてくる。

「どう、一杯やらないか。ちょっと話があるんだ」

何事かとついていくと、

「いまの会社の状態、どう思う? 社長の考えは古いし、何もかもが旧態依然。このままじゃ、業界で生き残れないって、常務とも話しているんだ。そこで、君の力をぜひとも貸してほしいんだが、どうだろう、今度、常務に会ってもらえないかな。話はつけてあるんだ」

要するに、派閥への取り込みである。力を貸す貸さないは別にして、何かの色に染まっていれば安心という人がいる一方、何色にも染まりたくないという人もいるものだ。もし後者の考えであれば、話が出た段階ですぐに断るべきである。

◆顔を合わせればさらに断りづらくなる

「力を貸せなんて、買いかぶられても困るよ。いまは立ち上げたばかりの仕事で精一杯。それに、どこどこに属するとか、そういうことも嫌いでね。昔からの主義なんだ。主義というと大袈裟に聞こえるかもしれないが、そんな考えなので、悪いが、話はそこまでにしてくれ」

相手の話にマッタをかけるのだ。断る腹づもりでも、話を聞いてしまったら、断りづらくなる。そうなる前に、ピシャリと戸を閉ざすのだ。

「まあ、そんなこと言わずに、一度、常務に会うだけでも会ってみてくれないか。君のことは仕事もできると伝えてあるんだよ」

こうたたみ込まれても、決して曖昧な態度をとらないこと。断るなら、この段階できちんと断ることだ。見合いと同じ。相手の顔を見てからでは、余計に断りづらくなる。

「何と言われようが、申し訳ない。常務には君からよろしく言っておいてくれ。そんなことより、まずはグッと空けろよ。こんなことでもなければ、なかなか会えないからな。ただし、腹いせに悪酔いは困るよ」

場の雰囲気を改めるために冗談の一つも言えれば、それに越したことはない。

〈断りのポイント〉

・**「話はそこまで」と自分から打ち切り、話題を転換する。**

6
社長が「君の奥さんの手料理を食べたい」と口にした

——社長のグルメぶりは有名だ。そんな社長が「君の奥さん、なかなか料理が上手らしいじゃないか。今度、ぜひともご相伴にあずかりたいものだ」と言ってきた。家にこられるのも面倒だし、妻も何かと気を使うことになる。どう断るべきか。

◆相手の本心がどこにあるか

「君の奥さんの手料理を食べてみたい」と声をかけてきた社長。はたして本気でそう言っているのかどうか。ひょっとしたら、軽い挨拶代わりの外交辞令とも考えられる。

そんな感じが見て取れたならば、

「大して上手でもないのですが、要するに好きでつくっているだけです。やたらと多めにつくるものですから、つい食べ過ぎてしまいまして……」

と腹でもさすって、笑い流せばすむだろう。

だが、本気で言っているとしたら、こんな返答の仕方では状況を危うくする。「よろしかったら、どうぞ」と解釈されかねないからだ。

では、本気の場合にはどう対応したらいいか。無難なところとしては……。

「ありがとうございます。ですが、口が肥えておられる社長には合わないと思います。グルメとは縁遠い私でさえ、毎日、辟易《へきえき》してるものですから。それに女房も自分の料理下手はわかっていますから冷や汗をかくのじゃないでしょうか」

カンのよい人間ならば、この程度のことを言えば、こちらの気持ちを察して、

「それならば、料理の腕が上がった頃にお願いすることにしようか。君のためばかりでなく、ボクのためにも料理に励んでくれと、そう奥さんに伝えといてくれよ」

と、冗談を交えて、さらりと話を終息に向かわせるだろう。

君の奥さんは料理上手らしいね
とんでもないです毎日ウンザリですよ

◆"不調法さ"をタテにやんわりと

だが、こんな人間ばかりとは限らない。

「君の先輩の原田君、彼が感心しまくってたよ。久々にうまい料理に出会ったと。ボクもぜひ、ご相伴《しょうばん》にあずかりたいものだ」

こう追い討ちをかけられたらどう答えるか。

「そうはいっても口に合う人とそうでない人がいますからね。原田さんはよほどお腹がすいていたのではない

でしょうか。本当に田舎料理ですし、社長をがっかりさせたり、女房に恥をかかせたりでは、私の立場もなくなってしまいますから」

あくまでも妻の不調法さをタテにして、やんわりと遠回しに断るのだ。ただし、あまりにその点を強調しすぎると、逆に墓穴を掘ることにもなりかねない。

「ほう、それほどの料理なら、ものはためしに、一度、味わってみたくなったよ」

相手の興味を呼び起こすことにでもなったら、それこそヤブ蛇だ。

こんなケースでの断り方は、なかなかむずかしいものである。

実は、家庭料理にかこつけて、社員の家庭環境わけても奥さんの人柄を見るという経営者は時にいる。とくに家族主義経営を標榜する社長などに多く、社員にはうっとおしく思われるが、悪意があるわけではない。

それだけにまた厄介だが、「きてほしくない」という気持ちがミエミエでは相手の心証を害することになる。さりとて、もって回った表現では意思が伝わりにくい。料理同様、微妙なさじ加減が求められるところではある。

〈断りのポイント〉

・**相手の本心**はどこにあるのか、まず、その**点**を**見極**める。
・マイナス面を**強調**しすぎると、かえって**興味**を**持**たれかねないので**要注意**。

7 上司に引越しの手伝いを頼まれた

——上司が新しい家に引越しすることになった。男手が足りないので、手伝ってくれという。土曜日でとくに用事があるわけではないが、家は遠いし、なによりも面倒だ。機嫌を損ねずにうまく断りたいのだが……。

◆制限を提示して断る

「今度の土曜、体、空いてる？」

上司が訊いてくる。

「休みですよね。なにか？」

「引越しなんだが、息子一人では頼りないんで、君に手伝ってもらえないかと思ってね」

こんなとき、相手の気分を損ねずに断るにはどうすればよいか。

一つには、〝制約・条件を提示して断る〟という方法がある。

「実はその日の午後、田舎から両親がくることになっていまして。午前中だけなら、時間は取れるのですが」、あるいは、「その日は前々から約束があって出かけなければならないのです。次の週の土曜というわけにはいかないのでしょうか」。

条件の範囲内なら協力はやぶさかではない、という対応の仕方である。意味するところは断りに等しいが、決してその気がないわけではない、という気持ちは伝わるはずだ。

ただし、落とし穴もある。相手から、「そういうことなら、午前中だけでも手伝ってくれないか」とか「それなら、君の力をアテにして、もう一週間、延ばすことにしようか」、こんな返事が戻ってきたときには万事休す。"制約・条件を提示して断る"のではなく、"制約・条件を提示して引き受ける"ことになってしまうが、もしもこうなったら、身支度をしっかり整えて、潔く出向くしかないだろう。

◆歯切れの悪い返答はしない

確実に断りたいのなら、

「土曜から日曜にかけてスキーに行くことになっていまして、すでに予約もすんでいるものですから、申し訳ありません」

などと、約束のあるなしに関わらず、スケジュール上、動かしがたい所用のあることを告げる。ありもしない絵空事を言えば、当然気持ちは重くなるが、

「お手伝いしたいのはやまやまなのですが、ちょっと用事がありまして……」

などと、歯切れの悪い返答をするよりはよほどマシである。「引越しを手伝えない用とは、いったいなんだろう」。こんな疑念を抱かせることにもなりかねないからだ。

所用のあることを告げて断ったあとは、次のようにフォローをする。
「ほかに課内で誰か適当な人間がいないか、私のほうで当たってみましょうか」
これに対して、「じゃあ、すまないがそうしてくれないか」となれば、上司への断りはひとまず成功とみて、職場の仲間に声をかければよい。

◆協力して恩を売るという考えも

こうして上司からの依頼をうまく断ったとしても、忘れてはならないことがある。人に頼み事をするというのは、その人が頼みやすい相手だからである。頼みやすさ、つまりアイツは何かと重宝だという意識があったにしても、根底に相手に対する信頼感や親近感がなければやすやすと声はかけられない。声をかけてくるのは、それだけ近い存在と思っているからだ。

そのことを思えば、断るだけが能ではないともいえる。

ましして相手が上司となればなおさらのことだ。行く先々、どんなことがあるかわからない。仕事だけでなくプライベートな面でも世話になるようなことが出てくるかもしれない。そのときのためにいまから恩を売っておくというのも、一つの考え方ではある。

〈断りのポイント〉

・相手の気持ちを損なわないために、制約・条件を提示して断る。

8 上司が「ネクタイをやる」と言うが、品がない

——なにかと世話好きの上司が「自分には似合わないので、君に上げるよ」と言って、ネクタイを差し出した。見るからに品が悪くて、これでは自分も締めたくはない。何かいい断りの方法はないものか。

◆親切心が見えると断りづらい

プロ野球の星野前監督が、完投したピッチャーに時計をプレゼントしたという話は有名だ。いい仕事をした、その報いとして差し出されたものなら、もらうほうも気持ちがいいに違いない。

だが、これは自分には似合わないからと、いかにも品の悪そうなネクタイを差し出されたらどうか。いかに高級品であっても辞退したくなって当然だろう。とはいっても、相手は日々顔を合わせる上司。無碍に断るわけにはいかない。それに相手が親切心で言ってきているのは明白だ。

こちらの胸にネクタイをあてて、

「ほう、やはり、大柄のものはボクなんかの年代より、若い人のほうがよく似合うものだね」

などと目を細められでもしたら、その場で押し返すわけにはいかないだろう。

ネクタイなど身につける品のプレゼントの場合には、それを断る常套手段がある。妻を引き合

いに出すのである。

◆「妻の好み」を理由にする

「ご好意はありがたいのですが、実はネクタイなど身につけるものはすべて女房が決めているものですから、いただこうにもいただけないのです。いただけば、火種を持ち帰るようなことになってしまいますので、せっかくですが、お気持ちだけいただいておきます」

妻が取り仕切っており、それに反すれば、夫婦喧嘩のもとにもなる。それでは困るので、いただけない。こんな言い方をすれば、「それなら仕方ないか」と納得するはずだ。

むろん、この方法は妻帯者でなければ通用しない。では、独身の場合には何と言って断るか。

「こんな高級なもの、とてもいただけません。私にはもったいないです」

と答えたのでは、相手は遠慮しているものと受け取り、ますます攻勢をかけてくるだろう。

「課長は自分は似合わないからとおっしゃいますが、そんなことはありませんよ。大柄の模様がいま着てらっしゃる背広にはピッタリですよ」

ネクタイ売場の店員のようなことを言ってもラチはあかない。どちらが似合うかという押し問答になるだけだ。とすれば、ここは〝妻〟の代わりに〝自分〟の趣味・嗜好を持ち出すのがいいだろう。

「こう見えても、私、好き嫌いが激しくて、着るものなど、とくにそうなのです。自分で選んだものしか身につけないものですから、いただいても仕舞い込んだままということがよくあるのです。せっかくではありますが、そうなっては失礼ですから……」

◆趣味・嗜好を持ち出す

個人の趣味や嗜好を持ち出せば、異論を差し挟む余地はなくなる。それでも相手がどうぞ、と言えば、ありがたくもらっておけばよい。たとえ箪笥《たんす》でホコリを被ることになっても、断りを入れてあるので、あとでイヤミを言われることはないはずだ。

ただし、このやり方には、「何を格好つけて」と腹立たしく感じる人もいるだろう。相手によって使い分けることが大事である。単に人がよいだけの上司なら気にもしないが、気むずかし屋の上司の場合、このやり方は要注意。

「そんな高価なものをもらったら叱られます」

「誰に?」

「彼女に」

明るくこう言えば、すんでしまうだろう。

〈断りのポイント〉

・自分以外の人間を理由のタネにする。

・個人的な趣味・嗜好を持ち出すのは、相手を見てから。

9 上司から誘われる二次会、三次会を断りたい

——単身赴任の上司がいる。酒が好きでよく誘われる。三回に一回は付き合うが、酒が入ると、必ず「もう一軒、もう一軒」となる。これがキツい。一人暮らしで寂しいのだろうが、そうそう付き合ってはいられないし、二次会だけは何とか断りたい。

◆飲み出したら止まらない上司

「もう一軒ですか。今日はここで勘弁してくださいよ」

「どうして？」

「ちょっと、体調が思わしくないものですから」

「それなら、最初から飲まなければよかったのに。もう、遅いよ」

「いや、それもあるのですが、実は女房が……」

「女房がどうしたって？」

「帰りが遅くなると、うるさいものですから」

「それなら、一緒に飲んでると、オレの名前出していいよ。さあ、電話して」

これでは、言えば言うほど、断りづらくなってしまう。いったん飲み出したらとどまるところ

を知らない、こんな上司にはどう対応したらいいか。いくつかの方法が考えられる。

◆同僚との共同戦線を張る

多少突飛で、酒に強くなくては使えない手だが、一度、上司をとことん連れまわすという方法がある。しぶしぶ付いていくのではなく、自ら先頭切って飲み歩く。断るのではなく、相手から断ってくるように仕向けるのだ。

「とてもじゃないが、アイツにはたまらないな」――。

こう思わせられるかどうかが、この案のカギとなる。

もちろん、自分が先に酔いつぶれてしまうようでは話にならない。

あるいは、前もって上司の了解を得たうえで、何人かの同僚と一緒に飲むという方法もある。こうした上司なら、たいていの同僚が〝被害者〟のはずだから、息は合わせやすいはずだ。たとえば、上司が腰を上げかけたら、一斉に帰り支度を始めるのだ。

「それじゃ、みんなで帰りますから」

この場合には、事前に仲間で打ち合わせをしておく必要がある。

◆無難な方法は仕事を持ち出すこと

ありきたりだが、

「飲みには行きますが、今日は二次会は付き合えません」

と、最初に明言しておく手もある。ただし、このやり方には条件がつく。飲んで途中から豹変するタイプには効き目がない。飲み始めると、前言を忘れたり、取り消したりして平気な手合いがいるからだ。

最も無難な方法は、仕事を持ち出すことだ。

「明日は朝から資料を用意して、すぐに訪問しなければならないところがありますので、とてもこれ以上、飲んでいられません」

自分の責任問題にも発展しかねないことなので、

「まあ、そんなこと言わずに」

とは言ってこないだろう。

〈断りのポイント〉

・**最終的には〝仕事〟をタテに断る。**

10 リストラした社員が「生活費を貸して」と言ってきた

――リストラの対象となり会社を辞めた人が、人事部に所属している自分に「仕事がなく、生活費がないので貸してくれ」と言ってきた。昔もいまも、とくに近しい関係にあるわけではない。貸す必要はないと思うのだが、どう断るか。

◆個人としての関係で捉える

リストラといっても、自分がそうしたわけではなく、会社における立場上そうせざるを得なかったわけだから、負い目を感じることはない。こちらからすれば、リストラはひとまずおいて、個人としてお金を貸していい相手かどうか、また、そうした関係にあるのかどうか、といった点から捉えるべきだろう。

そこを判断したうえで、貸せないとなったならば、あれこれ迷うことなく、きちんと理由を説明し、断ればよい。

「リストラは会社の方針で人事部のやったことです。あくまで会社の意向で、はからずも断行したことです。正直いってこの不況ですからね。私も明日は我が身と、不安を抱える毎日なんです」

このように釘を刺したうえで、丁寧に断る。

「私自身、そんなわけで金銭面でも余裕があるわけではなく、見かけと違って、内情は苦しいんです。なにとぞ、その辺のところをわかっていただきたいのです」

◆今後の相談に乗る

相手の気持ちを思えば、このままではすまされない。そこで、こうフォローする。

「仕事はどのようにしてお探しなのでしょう。仕事柄、いろいろと知り合いもいますので、何かありましたら、連絡を差し上げましょうか」

「お金の工面の仕方はほかにもあるでしょう。何か心当たりはないのですか」

相手の身になって、相談に乗るようにしたい。

一連の対応で大事なことは、決して弱みを見せないことだ。心に負い目を抱けば、つい弱気になる。弱気になったところを衝かれたら危うくなる。相手は会社を離れたことで、強く高飛車に出てくることも念頭に入れておかなければならない。


〈断りのポイント〉

・**言葉は丁寧でも、決して弱みを見せない。**
・**仕事探しの相談に乗るなど相手の身になる。**

11 バレンタインデーの義理チョコを断りたい

――バレンタインデーになると、部下の女子社員がチョコレートをもってくる。もちろん、義理チョコだ。もらっても机のなかにしまっておくだけ。おまけにホワイトデーとやらがあって、何かお返しもしなくてはならない。もう、断りたいのだが。

◆さりげなく不要論を唱える

最近のバレンタインデーは、女性から女性へというパターンが生まれてきているという。友だち同士で、チョコの交換を楽しんでいるようだ。

といっても、職場では相変わらず義理チョコ、義理ホワイトデーが生きており、本項のような悩みをもつ部課長は少なくない。

チョコレートの包みを、目の前に差し出されてからでは、

「ボクはいらないよ」

と言って断るわけにはいかないだろう。

つまり、バレンタインデーの当日に断るのは至難の業。したがって、前もって何かの折にそれとなく告げておくとよい。

「義理チョコというのは悪しき習慣だと思うよ。もらって喜ぶのは二十代まで。僕たちの年になると、何の感慨もないからね。ああいう無駄なことは、なくしたほうがいいと思うのだが、どうだい？」

昼休みの雑談の時間にでも、一言付け加えておく。だが、あまりに力説しすぎると、ヒガミあるいは強要と受け取られかねない。あくまでサラッと言うのがコツだ。

◆渋い表情で黙って受け取る

結果は当日になってみないとわからないが、それでも、

「課長、どうぞ」

と差し出されたらどうするか。

やはり、受け取らねばならないだろうが、そのときは困ったような様子を見せるのだ。いかにも弱ったという感じで、渋い表情をつくる。何も言葉を発しなくても、というより、発しないからこそ、こちらの気持ちは伝わるはずだ。

結果として、断りきれなかったことにはなるが、来年につながれば、ということで納得せざるを得ないのではなかろうか。

◆義理チョコにも女性たちの思いが

ハッキリ言って、義理チョコの断り方はむずかしい。単に形式的なものとはいえ、相手の気持ちを忖度《そんたく》すれば、断らなくてもいいように思えてくる。

女性たちは、人に上げるのもそうだが、チョコを選んだり、見て回ったりするのも、楽しみのうちに入っているのではないだろうか。そうして選んだチョコをあげる人がいないとなれば淋しいものだ。

義理で亭主の下着を洗濯したり、義理で食事をつくる女房族にくらべれば、義理チョコにはまだまだ彼女たちの思いが込められているように思えるのだが、いかがだろうか。

バレンタインデーの時期になると、チョコレートの売上がグンと伸びるらしい。この時期だけで、年間売上の二〇パーセントにも達するという報告もあるようだ。わが国の経済効果に一役買っていることを思えば、義理チョコだからといって、疎んじるばかりが能ではないように思えてくる。

〈断りのポイント〉

・バレンタインデーが近くなったら、義理チョコ不要論を唱える。

第3章

商売にミゾをつくらない取引先への断り方

仕入先や得意先からの頼まれ事には気を遣う。
うまく協力できれば業績アップにもつながるが、
下手に断ると会社に大損を与えかねない。

1 得意先社長から「うちの会社にこないか」と誘われた

――地方の大事な得意先の社長から、「うちで頑張ってみるつもりはないか」と誘われたが、いまの会社で、十分満足している。得意先のなかでも上位取引先なので、社長の気分を害さないようにうまく断りたい。

◆不明な点はとことん聞き出す

「うちにこないか」と誘われるのはありがたいことだ。それも社長自らの意思となれば、なおさら心は浮き立つに違いない。

仕事ぶりを評価され、見込まれて転社を勧められるというケースは多い。だが、うっかり話に乗って入社し、話と実態との違いに愕然とするというケースも、決して少なくはない。社内の事情はそこに身を置いた者でしかわからないからだ。

転社を勧められたなら、まずは自分でじっくり相手の会社について調べることだ。そのうえで、先方の社長と膝を交えて話をする。わからないことは、とことん聞き出すようにしたい。事情もわからず半端な気持ちのまま入社し、結局退社ということになっては、相手の社長にも迷惑がかかることになる。

◆チャンスを与えてくれたことに感謝する

さんざん考えた末に断ろうと判断したとき、なにはさておき重要なことは、相手の気分を害さないようにすることだ。大事な得意先の社長の気持ちを損ねては、今後の取引に影響を及ぼしかねない。

この点を含みに入れて、次のように述べればよい。

「お話はありがたく、大変光栄なことだと思いますが、ご存知のように、当社は若手が多く、経験も足りません。私も力量不足ですが、いま抜けるわけにはいかないと考えます。ここまで育ててくれた会社に対しても申し訳がないので、なにとぞ、今回のことは……」

会社の事情を引き合いに出して、礼を尽くしてこう述べれば、相手も納得してくれることだろう。さらに、こう付け加えておく。

「このたびのお話は自分自身を見つめる、いいチャンスにもなりました。今後とも、ご指導のほど、よろしくお願い致します」

ただし、断りの返答は、面と向かってすること。手紙やメールでは、どんなに意を尽くしたところで、こちらの気持ちが十分に伝わらないこともあるからだ。

〈断りのポイント〉

・会社の事情を引き合いに出して断る。

2

取引会社社長の子息の結婚式での祝辞を頼まれた

——祝辞をと頼まれたが、スピーチは苦手である。人前で話すなど、とてもできない。それに取引先の社長については当然知っているが、息子さんのほうは二度、三度話したくらいで、それほどよく知らない。どうにかして断りたい。

◆当人を知らなければ断ってよい

スピーチを苦手としている人は多いようだ。実はそう思い込んでいるだけなのだが、それに気づかない。場数を踏めば、誰でも一通りはこなせるようになるのだが、実に残念なことである。

祝辞を頼まれたこの人もそうである。結果云々より、まずはチャレンジしてみてはと、「話し方」に携わる者としては勧めたくもなるが、それはそれとして、当の主役である社長の子息について、ほとんど知らないということならば、断るのも一つのやり方だろう。

問題は断りの理由だ。

「ご子息とは二、三度話したくらいで、ほとんど存じ上げませんので、祝辞のほうは……」

と、率直に述べてもよいが、

「いや、それは承知しております。今後のお付き合いのことも考えたうえでのことでして……」

なってしまう。

と、切り返される可能性がないとはいえない。そう言われたら、辞退するわけにはいかなく

◆電話やメールで済ます

祝いの場でのスピーチを辞退するというのは、宴そのものへの反応とも受け取られかねないので、注意が必要だ。そのあたりのことも含んで断りの言葉を述べる。

「本当におめでとうございます。盛大な式で、出席者の方も多いと存じます。ご立派な方も大勢いらっしゃるでしょうし、私などとても出る幕とは思えませんので、申し訳ありませんが……」

あるいは、

「喜んで出席させていただきますが、祝辞のほうは遠慮させていただきたいと思います。お声をかけてくださるのはありがたいのですが、何分にも口下手で、私のスピーチで座を白けさせるようなことになっては大変です。その点もお考えくだされば……」

こうした辞退の申し入れは、電話やメールで済ますにとどめておきたい。顔を合わせて話せば事が大袈裟になるし、また、断りづらくもなってしまうからだ。

〈断りのポイント〉

・**「青二才、おまけに口下手で出る幕がない」という態度に徹する。**

3 仕入先から値上げを強要された

――長年付き合いのある仕入先から、値上げの要求を言ってきた。事情がわかるだけに、一蹴するわけにはいかない。かといって、スンナリと飲むわけにもいかない。うまく折り合いをつける、よい妙案はないものか。

◆代案を持ち出す

会社間には力関係があるものだ。値上げの要求に対しては、相手によっては突っぱねることもできるが、生命線を握られているといった場合には、やむなく泣き寝入りということも多いのではなかろうか。

しかし、会社の存亡がかかっているとなれば、できる限りのことはしなければならない。

「お伝えしたように、この四月から八パーセントのアップをお願いしたいのですが、御社のご意向をたまわりたいと思いまして」

まずは、この八パーセントという数字が動かしがたいものであるのかどうか、この点が焦点となるだろう。

その結果、どうしても譲れないということであれば要求を飲むしかないが、その場合でも、答えを早まってはならない。その前に代案を持ち出すのである。

◆オール・オア・ナッシングでない断り方

代案にもいろいろあるが、この場合でいえば、

「八パーセントという要求は飲むことにするが、別のこの点においては、当社の申し出を聞いていただきたい」

と、交換条件を提示するのだ。たとえば、

・支払い方法や支払期日
・商品の選定方法
・輸送ルート

といった点に改善の余地があればこの場で取り上げ、逆に検討を促すのだ。ただ単に相手の要求に応じるだけでは、今後の対応にも差し障りが出てくる。無条件に要求を呑むわけにはいかない、という姿勢を見せておくのも大事である。

たとえ断りきれない場合でも、できるだけ幅のある選択肢を視野に入れておくことである。

〈断りのポイント〉

・**断りきれないときには代案を提示する。**

4 わがままな上得意客の接待役を頼まれた

――得意先の役員だが、わがままで、エラそうで、どうにも虫が好かない。ところが、その接待役が回ってきた。誰かほかにやってくれる人がいればいいのだが……。その断り方がむずかしい。上司にどう言えば、うまくかわせるだろうか。

◆先方の気持ちを忖度すれば……

相手が会社の上得意先となれば、虫が好かないなどとは言っていられない。会社対会社の関係では、個人の感情の入る余地はなく、好き嫌い、馬が合う合わない、などはまだ社会人になっていない者の言うことだ。

それにまた、気に入った客や取引先などそうざらにあるものではない。とすれば、わがままで当たり前といったくらいの心構えも必要になる。

だが、過去に先方とのあいだで何かトラブルがあり、感情的なシコリが残っているとすれば、話はまた別だろう。もしそうならば、こちらだけでなく、ひょっとしたら相手も同じような感情を抱いているかもしれない。

接待役を断ろうとするなら、この点を衝《つ》くことだ。

「あのときのトラブルがいまだに緒を引いているようなら、今回の接待役は私には不向きだと思うのです。私などの若輩が接待したら、先方のお役員は、たぶん、機嫌を損ねるのではないでしょうか」

自分はともかく、あくまで相手の気持ちを察すればこうなる、という言い方をするのである。上司としては、何よりも接待が平穏無事に終わってくれることを願っているはずだ。この申し出には「もう一度、考えてみよう」ということになるだろう。

◆年々歳々、人同じからず

私が仕事で地方に出かけたときのことである。ある会社の支店で講演をすることになっていたが、そこの支店長というのが慇懃《いんぎん》無礼《ぶれい》極まりない。物腰はソフトだが、何事につけ尊大なのだ。この人とはどうやっても「馬が合わないな」と感じたものだ。

それにまた、社員の統率もなっていない。午前の講演では満席だった会場に、午後は半分ほどの人数しか現れない。講演終了後、こちらに何か不手際があったのではないかと思い、担当者に訊いて見た。

「営業マンが多いので、午後からはほとんど出かけてしまうのですよ。最初にお伝えしておけばよかったですね」

不手際があったのは先方だった。こんな会社には二度と行きたくないという思いであとにしたが、それから一年、その支店から再度講演の依頼があった。

よほど断ろうと考えたが、ともかく引き受けて行ってみると、新しい支店長になっていて、彼のもとで会社の雰囲気がガラリと変わっていたのだ。受講者も熱心で、活発なやりとりがあった。私は断らなくてよかったと、しみじみ思ったものだ。

人も会社も生き物である。中国の古典にもある。「年々歳々、その時期になれば花は同じ花を咲かせるが、それを眺める人は同じではない」と。

人はどこでどう状況変化するかわからない。先に見た「虫の好かない役員」にしても、その日、何かの都合で出席できなくなるかもしれないし、意を決して接待をしてみたら、何のわだかまりをもつこともなく、和気藹々と過ごせた、ということになるかもしれない。

ソリが合わない、馬が合わないなどとと自分から腰を引くようなことをあれこれ考えず、相手の懐に飛び込むという姿勢もまた必要だろう。

〈断りのポイント〉

・**「相手の気持ちを察すれば」という態度で断る。**

5 気を遣いたくないので、一見の客を断りたい

——スナックを経営しており、ほとんどが常連客だ。気持ちがわかっているから、商売がやりやすい。ところが、たまに見ず知らずの客が飛び込んできたりする。看板に「一見はお断り」とは書いてないが、どう断ったらいいか。

◆紹介者の有無を問う

「こんばんは」

と言って、見知らぬ客が入ってくる。そのときどう断るか。満席ならば、

「ご覧のとおり、満席なものですから」

と断れるが、そうでないときには、どう対応したらよいか。無難なところでは、

「すみません。このあと予約が入っているものですから」

といった対応の仕方が考えられる。しかし、その日はそれですんだにしても、後日、同じ客が再び現れたとしたら……。そして、嫌味たっぷりに尋ねられたら、どうするか。

「このあいだは予約でダメだったけど、今日は大丈夫？」

同じ相手に同じ手は使いづらいものだ。こんなときには、「一見の客はお断り」であることを

ハッキリと告げるしかないだろう。

「実はこのあいだは言い忘れてしまったのですが、私ども一見さんの方の場合、ほかのお客さまの紹介が必要でして。どなたかのお知り合いでいらっしゃるのでしょうか」

こう言えば、客は帰らざるを得なくなるだろう。

◆並の勘定ではないことをほのめかす

ただし、あっさりと帰る客ばかりではないのも事実。

当然、酔っ払いもいたりする。

「一見、一見と言うが、客は客じゃないか。そんなこと言わずに、一杯ぐらい飲ませろよ」

うるさく絡んできたら、

「そうおっしゃられても……。実は私どもの勘定は、あまりお安くなくて……」

「どれくらい？」

「申し上げるのは、ちょっと。あとでビックリなされても困りますので」

こう脅しをかければ、よほどの酩酊者でない限り、ブツブツと文句を言いながらも、引き下がるに違いない。

◆断るだけが能じゃないと割り切る

客のなかには、一度ハッキリ断られても、理屈をタテに再度チャレンジしてくる者もいるかもしれない。

「このあいだが一回目で、今日が二回目。もう一見の客じゃなくなってる。そうだろう、ママ。さてと、今日はどうやって断るのかな」

こんなふうに出てこられたりしたら、どうするか。

こんなタイプの客なら、その粋狂さを買って、いっそのこと、一度は閉ざした戸を開けてみてはどうか。別に断るだけが能ではない。上客になりそうな予感もある。

なお、「一見さんお断り」と店の前に明記しておけばいいのに、と思われる読者がおられるかもしれない。

だが、そんな表示をめったに見かけないのは、通りがかりの人に「なんだ、この店はお高くとまって」と思われ、ひいては評判を落としかねないとの心配からである。

〈断りのポイント〉

・**「一見さんお断り」とハッキリ告げたり、勘定の高さをチラつかせる。**

6 会社にくるセールスマンがしつこい

——事務機器から飲料関係まで会社にはさまざまなセールスがやってくる。忙しいのに時間を取られることがたびたびある。会社のイメージを悪くすることなく、短時間でうまく断る方法はないものか。

◆語尾を濁らさない

その場の状況にもよりけりだが、セールスの用件を聞いて応じられそうにないとその場で判断したならば、決してソファなどに坐らないことだ。

立ったままならば、余計な世間話に時間を費やすこともなく、本題にズバリと切り込めるが、坐って話せば、どうしても長くなるからだ。

ただし、どんなに忙しくても、「この時間がないときに、用件はなに?」などとぶっきらぼうに訊いたり、「ああ、そういうこと。うちはダメ、ダメ」と、取り付くしまもない態度で応じては、相手も内心、穏やかではなくなる。

一応は話を聞いたうえで、丁寧に断りたいものだ。

「申し訳ないのですが、すでに使っていますので、もう必要ないのです」

「これ以上は会社の負担になってしまいますので、せっかくのお話ですが、ご遠慮いたします」などと、詫び言葉を使って丁重に断りの理由を述べるのだ。

このとき大切なことは、語尾を濁らせたり、省略したりしないことである。「必要ない」「遠慮する」というように、「イエス」なのか「ノー」なのか、ハッキリと述べるのだ。

「まあ、そういうことですので……」とか「やっぱり無理じゃないかな……」といった中途半端な言い方では、相手が最終結論とは取らない恐れがある。

たったままで
対応
粘るな
この
営業マン
坐ってしまえば
こっちのもの！

また、そうとは感じても、「そこのところをなんとか」と言い出しやすくなるものだ。

これでは同じ内容の繰り返しとなり、いたずらに話を長引かせるだけである。

◆信頼関係を全面に出す

「お断りの理由はわかるのですが、これは当社が独自に開発した最新のものなのです。価格も手頃なところに設定したつもりです。ご検討だけでもお願いできませんか」

と、執拗に迫ってくるセールスもいることだろう。それだけ商品に自信をもっていることの証かもしれないが、このようなときにはどう断ればよいか。

「実は、長年にわたってB社さんとお付き合いがありましてね。いまさら他社様に変えるわけにはいかないのですよ。もちろん、品質や価格も大事ですが、何にも増して大切なのは信用だと考えていますので」

「かつて当社が苦しいときに、C社さんに助けていただいた恩義がありましてね、とても当社からお付き合いをやめるというわけにはいかないんですよ」

支障がなければ、取引先の社名を明らかにして、強いつながりのあることを強調する。こうすれば話の内容が途端に具体的になり、断りの根拠が鮮明になるからだ。

断りの根拠が鮮明になれば、相手の納得も得られやすくなる。

理由のハッキリしない曖昧さの残る断り方では相手は得心できず、「あの会社、どうなってるのだろう」との思いを抱くに違いない。

日頃からケジメのある応接を心掛けていれば、たとえ断ったにせよ、会社の評判を落とすことにはならないだろう。

〈断りのポイント〉

・**語尾を省略せず、ハッキリ「ノー」と言う。**
・**取引先と太いパイプでつながっている点を強調する。**

7　電話での強引なセールスにどう対応するか

――自宅でパソコンを使って仕事ができるというので、パンフレットを申し込んだ。数日後、電話があり、「早速ですが、仕事をお望みのようですね」と話しているうちに、登録をすることになった。翌日、送られてきたのは契約書だった。

◆パンフレットの代わりに電話が

実際にあった話である。

永倉さんは家事の合間にパソコンで仕事ができるというので、とりあえずパンフレットを申し込んだところ、相手の会社から、直接電話がかかってきた。

「永倉さんですか。お申し込みありがとうございます。失礼とは存じますが、電話のほうが早いものですから。仕事のやり方ですが、私どもと契約いただくと、メールで毎月、各社で要望している業務の内容をご紹介いたします。そのうち適当だと思われるものを選択して、直接、その会社に連絡を取っていただき……」

要するに仲介業である。ただし、その会社から仕事がくるわけではない。紹介された会社リストのなかから選んだ先に、こちらから連絡をとるシステムになっている。こちらがよくても、先方が承知しなければ、話は成立しない。

「その点は大丈夫です。仕事の量はこなしきれないくらいにあるものですから。ところで、毎月、いくらくらいお望みですか。……一〇万円ですか。それくらいなら、ちょっと頑張れば楽にクリアできると思います」

◆いつの間にか契約ずみに

永倉さんは、自宅で家事の合間にやってその金額になるならと、徐々に引き込まれていった。

「ところで、紹介料として、月々、二万円ほどかかるのですが、いつまでもということではありません。一応、三年間までは紹介をさせていただくということで。もちろん、その頃には、仕事先との関係も深まり、紹介させていただく必要もなくなるでしょうから」

こうして相手の聞かれるままに、年齢や家族構成、実家の住所や電話番号まで教えることに。そして、登録が必要だと言われ了承した。

すると、翌日、宅急便で契約書が送られてきたのだ。そのなかにはローン会社との契約書類も含まれていた。それを見て、永倉さんは青くなった。まさかローンを組むとは思いもしなかったのだ。書類そのものにも威圧感を覚え、断りの電話をかけた。

「すでに契約はすんでいますので、いまさら覆すわけにはいきません。あとは書類に署名・捺印するだけですので、早急に送り返してください」

永倉さんは契約していないと言い張ったが、相手は、

「登録をなさったではありませんか、電話で契約はすんでいます」

の一点張り。

結局、一時間ほど、水掛け論を繰り返し、最後はクーリングオフということにしますから、という言葉で、相手も折れることになった。

永倉さんは溜め息まじりにこう言った。

「あれは一種の詐欺ではないでしょうか。それにしても、断るのに疲れました」

セールスの側には相手が納得するように説明する責任がある。こちらとしては、その点を衝くことはできるが、電話でのやり取りとなると、言った言わないの水掛け論の末に、うやむやになってしまうことも少なくない。証拠の残らないやり取り、とくに電話でのやり取りには気をつけなければならない。

こうしたケースでは、相手の言うことに対して、逐一、言質を取り、もし一つでもこちらの条件に合わない点が出てきたら、その時点で断りを入れることだ。それを怠ると、最終段階にまで持ち込まれ、「契約ずみ」という話になってしまうので、気をつけなければならない。

〈断りのポイント〉

・**逐一、相手の言質を取り、条件が合わない時点ですぐに断る。**

8　業者が「下水処理の無料点検を」と言ってきた

——市から認定を受けているという業者が「下水処理の点検を無料でします」と言ってきた。これまで、こんなことはなかったはずだが。ひょっとしたら、いま横行中の悪徳商法の一種かも。どう対応すればいいか。

◆「無料」の落とし穴

「無料」という言葉には誰でも弱い。その響きにつられて、つい「それでは」とお願いしたくもなるが、ゴミ一つ捨てるにもお金がかかることを思えば、そんなうまい話あるはずないと考えたほうが賢明だ。

下水処理の点検にしても、無料でしてくれるのにはわけがあると考えるべきだろう。そんなわけを聞き出すのも面倒なら、

「いまは何の問題もないので結構です。ちょっと忙しいものですから、お引き取りください」

と、ハナから断ってしまえばよい。それでも相手が何か言い出すようなら、

「市の認定を受けているということですが……」

と、認定証の提示を暗に匂わすのだ。ここであれこれ理由をつけて提示を拒むようなら、クロ

と判断すべきだろう。

◆もっともらしい肩書きを鵜呑みにしない

下水処理の点検をしたあと、

「○○に、こんな問題がありました。これは早急に直さなければ、大変なことになりますよ」

と欠陥を指摘し、その修復を請け負うというのが、悪徳業者の手口である。欠陥が見つからなければ自らつくってそれを直すという、いわゆるマッチポンプ方式。

こうした業者を見破るというよりは、それ以前の問題として、見知らぬ業者が来たならば、まずは用心してかかること。見かけやもっともらし肩書きを鵜呑みにしないで、決して弱みを見せないことだ。相手はこちらの弱みをついてくる。一人暮らしだったりすると、いかにも親切そうに見せかけてくる。相手が口にした肩書などは「そうですか、水道局の下請けの会社なんですね」と言いながらメモを取り、あとで電話で確かめてみる。しつこく言ってきたら、

「そういうことは私ではわかりませんので、返事のしようがありません」

と突っぱねることである。

〈断りのポイント〉

・自分では決められないので、返答のしようがないと断る。

9 汚れのひどい浮浪者が図書館に入ってきた

――区立図書館に勤めている。ときどき、汚れや臭いのひどい浮浪者がやってくる。理屈からいえば、入るのを拒めないのだが、うまく阻止する手立てはないだろうか。

◆「あそこにベンチがありますよ」

図書館などの公共施設は原則として出入り自由だが、あまりにひどい汚れや臭いの人には、やはり遠慮してもらいたいものだ。周囲に迷惑がかかるからだ。図書館の職員としては、こうした人がきたときにはどう対処すべきか。

たいていは、出入り口で、

「入ってもらっては困ります」

「ここから先はご遠慮ください」

などと声をかけることになろうが、これでは時間をおいて、またやってくる可能性がある。その可能性をいくらかでも少なくするには、

「公園がすぐ近くにありますので、そちらへ行ってもらえますか」

「休むのなら、あそこにベンチがありますよ」

など と代案を示す方法がある。

◆人がいてこそのお断り

街の銭湯の入り口には、正確ではないが、

「酩酊した方やイレズミの方の入浴はお断り」

などと記された貼り紙がたしか貼られていたように思う。

あの貼り紙一枚で効き目があるのかどうか、確かめたことがないので何ともいえないが、銭湯で酔っ払い同士が喧嘩して惨事になったとか、暴力団の組員同士でイザコザがあったなどという話はあまり聞いたことがないので、ひょっとしたら、ご利益があるのかもしれない。

考えてみれば、銭湯には番台があって、ちゃんと人が控えている。つまり、貼り紙と人との二重の備えになっていて、まず貼り紙で牽制したうえで、人が礼を尽くして「お断り」するのだ。

同様に、図書館などでも、まず貼り紙などで「公共の場所だから、周囲に迷惑のかからないように」と警告したうえで、お引き取りを願うのがベターだろう。

〈断りのポイント〉

- **公共の場所で、周囲の人の迷惑になることを貼り紙と口頭で説明する。**
- **単に断るのではなく、「あちらへどうぞ」と代案を示す。**

10 女子高生風の子から援助交際を持ちかけられた

――ほろ酔い気分で駅前にきたら、明らかに女子高校生風の女の子が「オジさん、援助交際って知ってる？」と声をかけてきた。「知ってるよ」と答えたら、「相手、見つけてるの」と言ってにっこりした。まさか、五十男のオレに声をかけてくるとは……。

◆まずは〝男の弱い部分〟を押し込める

年若い女性から、

「相手、見つけてるの」

と、にっこりされたら、どんな気持ちになるのだろう。幸か不幸か、こういう場面に遭遇したことがないので、胸中を推し量ることができない。言えるのは、一挙にさまざまな思いが去来し、錯綜するのではないかという程度。

だが、あえて推し量れば……。

「まさか、五十男のオレに声をかけてくるとは……」のあとが問題になる。

「……オレもまんざらじゃないな」と悦にいる人もいれば、「……ウチの娘より下じゃないか、困ったものだ」と顔をしかめる人もいるだろう。あるいは、「……いくらあったかな」とサイフの中味に思いを馳せる人もいるかもしれない。

人それぞれだろうが、相手が男の弱い部分を衝いてきていることだけは間違いない。この弱い部分を押し込め、うまく断るにはどうするか。

◆からかいや説教は禁物

うまく断る、つまり、相手に不快を残さずに断るとなると、これはなかなかむずかしそうだ。どう断っても、相手に不快感を与えてしまいそうに思えるからだ。

そこで、逆に考えてみると……。相手がもしも高校生なら、援助交際は明らかに違法である。ということは、ある意味で、犯罪性を伴った危機に直面しているということでもある。こういうときに〝不快を残さずに〟はお門違いの話になるのではなかろうか。

丁寧な言葉づかいで、丁重に断るのはなにか変だし、「申し訳ありませんが」という詫び言葉も状況からして場違いだ。

と、なればあとはもう簡単。君子危うきに近寄らずで、さっさと逃げる、そのための便法を見出せばよいということになる。

回りくどく考えてきたが、答えは簡単だ。無視すればよいということ。黙ったまま、いかにも忙しそうにその場から立ち去るのだ。

その場から速やかに立ち去ること。あまりにもシンプルな結論だが、これが一番。まったく気がないことをわからせるよい方法だろう。

ただし、”してはならないこと“がある。軽くあしらうつもりで声だけかければ、相手は馬鹿にされたと思い、睨みつけてくるかもしれないし、怒り出すかもしれない。大いに気をつけねばならない。

そして、もう一つは、説教だ。

「まだ、若いのに、こんなことをしていてはいけないよ」

「お父さんやお母さんの気持ちを考えなさいよ」

諭すつもりが、

「いい年して、酔っ払って歩いてるんじゃねえよ」

と切り返されたのでは、ぐうの音も出なくなる。

〈断りのポイント〉

・**黙って、その場から立ち去る。**

第4章

長い絆を傷つけない恩師・先輩への断り方

最も断りにくいのが恩師や先輩からの依頼である。
なにしろこちらは過去に恩義を受けている。
下手に断ったら、何を言われるかわからない。

1

恩師が「商品をC社に安く卸してくれ」と頼んできた

――かつて世話になった恩師が、電話で「君の会社の商品をC社に安く入れてくれないか」と言ってきた。値引きに関しては決済する権限をもっていない。それに価格はすべて横並びで一律だ。どう対応すればよいか。

◆「一存では決められない」と伝える

高校時代に世話になった恩師から電話が入った。

「君のところの商品、評判がよさそうだね。ついてはC社が購入したいと言ってきているのだが、どうだろう、安く卸してもらえないだろうか」

こう請われても、自分に断を下す権限がなければ、次のように答えるしかないだろう。

「せっかくの先生のお話ですが、私の一存では決められないのです。部長が決裁をするものですから、なんとも力不足で申し訳ありません」

内部の事情を説明しただけでは十分とはいえない。そこで、こうフォローする。

「いま、部長がおりますので、よろしければ話をしてみましょうか」

相談しても商品の値引きは無理とわかっている。それを承知のうえで一応、伺いを立ててみるのだ。

◆上司に掛け合ったことにする

部長から「値引きはできない」との確認を得たならば、早速電話をかける。

「申し訳ないのですが、値段のうえで便宜を図るのは、とても無理なようです。自分で言うのもなんですが、技術的に見ても他社とは段違いの商品で、値引販売は一切していないのです。せっかくのお話ですので部長に掛け合ってはみたのですが、どうしても無理とのことで……」

恩師のがっかりする声を聞くのは忍びないが、仕方がないだろう。しかし、最初から「値引きは無理」と告げるよりはマシだ。一応、部長に掛け合ったうえでの結論ということにすれば、わずかでも恩師に誠意を示せる。

「先生からのようなお話はたびたびあるのですが、ウチの会社は堅すぎるというか、融通が利かないというか、そういうお話には応じられなくて、私自身も弱っているのです」

会社とお客との狭間でそれなりに苦労していることをつけ加えれば、恩師も納得し、わかってくれるはずである。

〈断りのポイント〉

・**無理は承知で、一応は上司に掛け合ったことを述べる。**

2 恩師が新興宗教の会合出席を命じてきた

——新興宗教に入信している高校時代の先生が「今度、会合があるので、君もぜひ出席するように」と言ってきた。先生には就職活動などで世話になったが、とても出かける気持ちになれない。どう断ったらいいか。

◆大義名分をタテにする

学生時代の恩師がこう言ってくるのには、「キミにも勧めたい」という個人的な意向もあれば、布教活動の一環としての意味合いもあるだろう。いずれにしても、信仰は個人の自由である。これを大義名分にして断るのが、なにより無難だろう。

「そもそも私は宗教に興味がないのです。ですから、どこにも入っていませんが、それで別に不都合を感じたことはありません。先生のお言葉とはいえ、宗教に関してだけは、申し訳ありませんが……」

と、丁重に断ればよい。

「まあ、そう言わずに、出るだけでも出てみないか。きっと気持ちが変わるはずだから」

それでも執拗に迫ってくるようであれば、

「そうおっしゃられても、困ります。気持ちがまったく乗らないのです。行こうという気になれないのです。本当にすみません」

と、子供相手ではないが、〝ダメのものはダメ〟式の答えで突っぱねることだ。

◆理屈で通じなければ

相手からの依頼を断る場合には、理由を鮮明にするというのが断りの鉄則だが、宗教や政治にまつわる話では、こうしたやり方を取らざるを得ないこともある。あれこれ理屈を並べ立てて断ると、理屈に上塗りした答えが返ってくることが少なくないからだ。これではいつになっても話は終わらない。

「そんな気持ちにはまったくなれないのです」
「少しも興味が湧かないのです」
「どうにも性に合いません」

何といわれようが、〝ダメなものはダメ〟といった答えで押し通せば、相手は納得はしないにしても、やがて口を閉ざすことになるだろう。

〈断りのポイント〉

・**〝ダメなものはダメ〟式の返答で突っぱねる。**

3 恩師が主宰するプライベートな活動に誘われた

――高校時代の恩師が月に一、二度、歴史の勉強会を開いている。休みを利用して、史跡めぐりをするというものだ。その会に「君も入らないか」と誘われたが、どうにも気がすすまない。第一、休みの日くらいゆっくり過ごしたい。先生には何と答えればいいか。

◆本音をきちんと述べる

休日はゆっくり過ごしたいというのであれば、率直にそう告げればいいだろう。そのとき、なぜそうしたいのかという理由もきちんと説明すれば説得力が増す。

「こう申し上げると失礼かもしれませんが、休みの日くらい、のんびり過ごしたいというのが本音なのです。」と言いますのも、夜勤があったりして勤務体制が不規則なものですから、なかなか疲れが抜けなくて……」

仕事の激務を訴え、体調について触れれば、無理して出てこいとは言わないだろう。また、休日に何か目的をもって勉強しているということであれば、包み隠さず述べればよい。

「実は資格を取ろうと思って勉強しています。ちょっとむずかしい試験なので、何年先になるかわかりませんが、少しずつでも進めていって、必ずモノにしてやろうと……」

こう言えば、話の鉾先が変わり、試験勉強に関して何かアドバイスをしてくれるかもしれない。

◆自分に都合のいいように解釈しがち

それでも、場合によっては、

「かつてのクラスメートも何人かきているよ。たまに君の噂も出たりするので、よかったら一度、顔を見せたらどうかね」

このときには、断るのではなく、条件付きでイエスと言っておく。

「今月は忙しいものですから、来月になって時間が取れるようなら、伺うようにいたします」

そのときの状況次第でどちらに転ぶかわからないと断りを入れておくのだ。そして、間近になったら、

「どうしても無理なので、申し訳ありません」

と、一本電話を入れる。すでに断りを入れてあるからといって、無精をしてはならない。人間は自分に都合のいいように解釈しがちなものだ。「そのときの状況次第」を恩師としては、イエスの方向で捉えているかもしれないからだ。

〈断りのポイント〉

・条件付きのイエスのあと、断りを入れる。

4 恩師から選挙の投票を頼まれた

――大学のときの恩師から「今度の投票では、△△党から立候補している新人の山南候補にぜひ投票をお願いしたい。学校時代の同期でね、よろしく頼むよ」と、電話がかかってきた。自分はすでに投票する人を決めている。どう断ればいいか。

◆言葉をぼやかす

「今度の選挙、君は誰に入れるんだ。決めている人でもいるの？　もし決めていないようなら、支援してもらいたい人がいるのだが……」

こんなふうな問われ方なら、こちらも率直に応じることができる。

「実は、私の従兄弟が、芹沢という候補者の選挙事務所におり、彼を頼むよと言われているのです」

ところが、いきなり、冒頭のように言われたらどうだろうか。

「今回は拮抗した争いになりそうなので、ぜひ、君にも頼みたいと思って……」

誰の名を記したかバレないとはいえ、「わかりました」と嘘はつきたくないし、それでは下手をすると応援に駆り出されるかもしれない。かといって何かと世話になった恩師だから無碍に断るわけにもいかない。このようなときには〝ぼやかす〟のが賢明。次のような返答をする。

「お気持ちはわかりました。考えておきます」

「少しばかり、検討させてください」

◆問題があればそのことを指摘する

ただし、次のような依頼をしてきたときには、きちんと断るべきだろう。

「ここは一つ、私の顔を立てて、君から親類の方や友人に声をかけてもらえないだろうか」

「申し訳ないのですが、そういうことは私としてはできかねます。それぞれみんな、お考えがあることでしょうし」


恩師が頼んできた候補者に問題がある場合もある。たとえば人間性や人格、あるいは主義・主張、政策面、政治力などにおいて、世間の風評が芳しくなく、自分も納得しがたい点があればそのことを指摘し、協力できない旨をほのめかしてもいいだろう。

「いろいろ問題のある人だと聞いています。私としては、その辺のところが気になりますので」


恩師といってもいろいろだが、心の通い合う本当の子弟関係にあるのなら、きちんと理由を告げて断るほうがよい。

〈断りのポイント〉

・**言葉をぼかしたり、濁したりして、ハッキリとした結論を言わない。**

5 先輩が「当社の商品を扱ってくれ」と言ってきた

——仕入れの担当をしていることから、大学時代の先輩が突然、「ウチの商品を扱ってくれないか」と言ってきた。先輩は会社を立ち上げたばかり。海のものとも山のものともわからない。ここはとりあえず断っておきたいのだが。

◆多少冷たい印象を与えても

「ずいぶん景気よさそうじゃないか。少し、商売させてもらえるとありがたいんだが、どうだろう。わずかでいいのだが、商品を扱ってもらえないかなあ。先輩後輩のよしみで」

こう言われても、海のものとも山のものともわからない会社なら、断ったほうが無難と考えて当然だろう。

だが、相手は大学の先輩、渡された資料をその場で突き返すわけにもいかない。とりあえず、次のように返答しておく。

「申し訳ないのですが、会議に諮らないと、私一存では決められないんですよ。一応、資料はお預かりして、次の会議で検討させていただきますが、それでよろしいでしょうか」

マニュアルを読み上げるようで、多少冷たい印象を与えるが、最初から断るつもりなら、これも致し方ないだろう。

◆会社の現状を訴える

そのうえで、あまり期待を抱かれないようにしておく。

「先輩には景気がいいように見えるかもしれませんが、実はそうでもないのです。これでも、けっこう大変なのです」

さらに、いま会社の状況がどうなっているか、かいつまんで述べておくとよい。たとえば、会社の方針として、

・今後、新しい取引先を開設することはしない
・取引先の数は現状あるいは減らす方向で考えている
・会社の体質をスリムにする方向で進む

といった点を取り上げて、当分の間、取引先を広げる余地のないこと、したがって、期待には沿えそうにないということを知らせておくのである。まったくのデタラメでは問題だが、そうでなければ、先輩も無理にとは言えなくなる。

〈断りのポイント〉

・**受け入れられる状況にないことを具体的に説明する。**

6 親しい友人から生命保険の加入を頼まれた

――保険会社に勤めている友人から「生命保険に入ってくれないか」と頼まれた。すでに他社の保険に入っていて、そんな余裕はない。営業成績がどうのこうのと言って頼んでくるが……。

◆断りやすさと断りにくさ

親しい人間からの依頼には、断りやすい面と断りにくい面とがある。保険の勧誘に対しても、

「すでに入っているし、もう余裕はないよ」

と、簡単に断ることもできる。だが、

「実は、今月の目標をどうしてもクリアしたいんだ。せっかく一五か月連続で目標を達成してきているのに、ここで記録が途切れるのは辛いんだよ。助けると思って、何とか頼むよ」

こう深刻に出られると、軽く受け流すわけにはいかなくなる。話を聞けば断り辛くなるのはわかっていても、親友なら、「話だけでも」となるだろう。そうなれば、あとの話の展開は予想されるところだ。

「そうそう、いま入ってる保険を解約して、ウチのほうに乗り換えてみたら？　ちょっと、書類、出してきてみてよ、調べてみるから。絶対、ウチのほうが得だと思うよ」

◆知識を身につけて対抗する

このとき、こちらに知識がなければ、保険の有利不利を説かれても、何の答えようもない。親友であるからには、アタマから不利になるような話は勧めないだろうが、あとで「しまった！」というようなことが出てこないとも限らない。

たとえ些細なことでも、それが発端となって人間関係を壊してはつまらない。

これを防ぐには、こちらもそれ相応の知識を身につけておくことである。

「君はウチのほうが得だといったが、それはこの点に関してだけのことで、ほかはいまの保険のほうが条件がいいようだね」

「なるほど、君の言うとおりだ。掛け金にくらべてかなり手厚い保証になっているようだね。これなら、こっちのほうが得か」

せめて、この程度の見極めができるくらいの知識を身につけて判断する。お互いに話を煮詰めた末での結論となれば、たとえ断ったにしても、相手に不快な感情は残らないはずだ。相手の言い分を納得したうえで受け入れる。こちらの言い分を納得させたうえで断る。たとえ親友であろうと、気持ちが定まらないままの中途半端なやり取りでは、のちのちに遺恨を残すことになる。

〈断りのポイント〉

・**相手を納得させるために、知識を身につけておく。**

7 後輩が「先輩の会社へ営業に行きたい」と言ってきた

――大学で同じサークルの後輩から、「先輩のところへセールスに行かせてください」と電話がかかってきた。学生時代、いいヤツだったが何かと問題も多く、金銭面ではルーズだっただけに、できれば断りたい。

◆断りを承知のうえでくるのなら

断り方の手順から言えば、次の二通りが考えられる。

1 会って、とりあえず話だけは聞く。

2 会わずに、このまま電話で断る。

見ず知らずの人からの電話なら、その場で即座に断ることもできる。そうしても何ら差し障りはないが、後輩となるとそれでは申し訳ないということで、「とりあえず会ってみようか」という人が多いのではなかろうか。

だが、いったん顔を合わせれば、昔話に花が咲くのは目に見えている。懐かしさも手伝って、あれこれと話しているうちに、雰囲気的に「イエス」の方向に向かってしまうということも少なくない。そうなってからでは、「ノー」は持ち出しにくくなるし、膨らみかけた相手の期待を裏切ることになる。

最初から断るつもりなら、電話を受けた時点で、

「会うには会うが、その件に関しては、会社としては無理だと思う。それを承知のうえでくるのなら、仕方なかろう」

と、釘を刺しておくのがベターだろう。

◆ありきたりの理由でピンとこなければ

その場で電話で断るなら、

「いま忙しくてね。すまないが、とても会っている時間がないんだ。このところ残業続きで、家にもまともに帰れない状況でね。君の話を聞けなくて申し訳ないが、いずれまた……」

と、仕事の忙しさを強調すればよい。

相手にはありきたりの言い訳のように聞こえるだろうが、それだけにわかる人にはわかるはずだ。こちらの気持ちを忖度し、ピンとくるようでなければ、いくら昔の仲間であっても、以後、付き合いは避けたほうが無難かもしれない。

〈断りのポイント〉

・会うにしても事前に釘を刺しておく。

8 後輩が「パソコン習得を」と親切を押し付ける

――顔を合わせるたびに大学で同じサークルだった後輩が言ってくる。「先輩、まだパソコンやってないのですか。時代に乗り遅れますよ。私が教えますから」。いつも生返事をしているが、あまりにうるさいので、きちんと言ってやりたいと思っている。

◆話にケジメをつける

お節介焼きというものはどこにでもいるものだが、度を越せば鼻につくようになる。この後輩もその類いだろう。人は悪くはないにしても、あまりにもうるさく言ってくるようなら、その口を閉ざす方法を考えねばならない。

これまでは、軽くあしらうつもりで、

「オレは機械は苦手なんだよ。生来、不器用なんだ。とてもやる気にはなれないよ」

といった程度の返答でごまかしていたのではなかろうか。

だが、これでは火に油を注ぐようなもの。

「大丈夫、すぐに慣れますよ。ボクだってできるのですから。パソコンは機械といってもですね、要は……」

逆に話に熱を帯びさせることになる。こうならないためにはどうするか。主義・主張を持ち出して、ピシャリと話にケジメをつけるようにすればよい。

◆お膳立てをされないうちに

「オレは、人がやっているからといって、すぐにはやる気がしないんだ。どんなに便利だろうと、どんなに面白かろうと、人は人。何事も自分で納得した段階で始めようと思っているんだ。だから、いまはなんと言われようと、ダメなものはダメ。そうだなあ、始めるのは五年先くらいかな」

たとえ石頭と思われようが、我流・独善を貫く姿勢を見せるのだ。見合い話ではないが、のらりくらりと生返事をしていると、いつのまにか話が進んで、あとで面食らうことになる。

「先輩、秋葉原の店に勤めている友人がいるので、二、三日中に、大学の先輩を連れて行くと言っておきました。都合はいつがいいですか」

お膳立てをされてからでは遅い。後輩の顔を立てるためにも、一度はついて行くハメになる。そうならないためには早めに歯止めをかけておかねばならない。

〈断りのポイント〉

・我流・独善でも、主義・主張を持ち出して断る。

9

母校の五〇周年記念行事に寄付を求められた

——大学が設立されて五〇年になるという。通知がきて、寄付を求められた。卒業してずいぶんと立つ。同窓会もたまに行なわれているようだが、出席したこともない。いまさら寄付などしたくないのだが……。

◆下手に反応しない

母校に対しては、卒業後もなにかと関心を持ち続ける人と、逆にまったく関心を示さない人との両派に極端に分かれそうだ。在学時、サークル活動などに積極的に参加した人たちなどは、卒業後も母校との交流が続いていてもおかしくないが、大部分の人たちは無関心派なのではなかろうか。

通常、寄付の通知は封書でくるものだ。振込用紙とともに新聞が入っていたりするが、たまにやってくるこうした通知が母校との唯一の接点という程度なら、寄付云々で考え込むことはないだろう。寄付をしたくなければ、そのまま放置しておくだけのことだ。

寄付の諾否については返信する必要はないだろうし、かえって断りの返信などをすれば、改めて寄付を求められることにもなりかねない。

街頭でのビラやティッシュ配り、あるいは、商品カタログのダイレクトメール。ネオン街での呼び込み……。

こうしたものにいちいち断りを入れる必要はないし、第一、そんなことをしていたら身がもたない。下手に呼び込みの声に反応したりすると、逆に口車に乗せられて、サイフの紐をゆるめることになる。

卒業生のみなさまへ
創立五十周年寄付のお願い
OBとして少しでも寄付すべきかな？少なくとも返事だけは…

◆過剰反応しない

一方向性のコミュニケーション、それは厳密にはコミュニケーションとはいえないが、そうした場では〝無視〟をすることも断りの手段となる。

本来、〝無視〟で成り立つやり取りの場で、下手に過剰な反応を示せば、自ら墓穴を掘ることにもなるので要注意。

〈断りのポイント〉

・**無視をすべきときに反応すると、墓穴を掘ることにもなる。**

10 母校の五〇周年の寄付集めのメンバーに選ばれた

――母校の高校で教師をしているかつてのクラスメートから電話があった。「創立五〇周年に向けて寄付集めをするのだが、メンバーになってほしい」と。なんで、オレなのか、と思う。もちろん断りたい。

◆付き合いの狭さを強調する

ヒマで何か外部活動でもしたいと考えている人なら別だが、普通、こんな役は誰でもやりたくはないだろう。しかし、なぜ白羽の矢を当てられたのか。

「なかなか連絡のつかないヤツもいるし、どうしようかと考えていたときに、ふと、オマエの顔が浮かんでね。オマエなら付き合いも広いだろうから、一つ頼むよ」

誰もが尻込みしたくなる役を押し付けてきたのは、それ相応の信頼を寄せてのことかもしれない。だが、どうしてもやりたくなければ、断る以外にない。何と言って断るか。

「いま、仕事が忙しくて、それどころじゃないんだ。それに会社勤めになると、取引先とのつき合いは増えるが、逆にクラスメートとの付き合いは少なくなってね。ほとんど顔も合わせていないんだ。やっぱり、家で商売をしてるヤツのほうがいいと思うよ。あの喧嘩早かった近藤や土方、それに沖田なんかのほうが、ずっと適任じゃないか。彼らのほうに当たってみてくれよ」

サラリーマンと自営とを天秤にかけ、こう言って断るのも一つの手である。

◆泣き落としをかける

現実味がまったくないとはいえない話を持ち出して、泣き落としに出るという手段もある。

「いま、会社が厳しくてね、リストラの真っ最中なんだ。オレもいつクビを切られてもおかしくないような状況なんだ。そんなときに、寄付集めに奔走してる余裕なんかあると思う？　寄付してほしいのは、オレのほうだよ」

冗談めかして言っても、クラスメートなら気持ちは通じるだろう。

「それなら、早くクビになって、手伝ってくれよ」

こんな減らず口を叩きつつも、最後には、

「それじゃあ、ほかに当たってみることにするか。また、連絡するよ」

泣き落とし戦術は、関係の深浅にかかわらず幅広く活用できる。ただし、同一人物に対して多用は禁物。徐々に効き目が薄れていくので注意をしたい。

〈断りのポイント〉

・自分よりほかに適任者がいることを述べて断る。

11 恩人の紹介で営業マンがやってきた

――総務課長の立場にあるが、大学時代の恩人から、「知り合いの出版社の営業マンが行くから、話を聞いてやってくれ。社史をつくらないかとのことだが」と電話がきた。書籍や雑誌からチラシ、パンフレットまで手がけている会社らしい。「社史」など必要はないのだが。

◆無碍に断れないからと話を聞き始めると…

「これが最近わが社で手がけた社史の一つなのですが、御社でも、この際おつくりになられてはいかがでしょうか。コストの面は、先生のご紹介でもあり、かなり勉強させていただきます」

営業マンは、そういってやおら一冊の本を取り出した。分厚くてカラーページも多い。かなり手間ひまがかかっていそうだ。これではいくら安くしてもらったところで、費用が相当かかるに違いない。

「せっかくのお話ですが、こうしたものをつくるにはかなり費用がかかるでしょうし、第一、私どものような中堅クラスでは、必要性も……」

「いえ、そこなのです。必要性はないとおっしゃりたいのでしょうが、御社以下の規模の会社からも、いくつか注文をいただいておりまして。リクルートの面では当然お役に立ちますし、何よりも社史をつくったことで、社員の意識が変わったとおっしゃる社長さんもいらっしゃいます」

話を聞くと必要性がまったくないわけではない、と感じられてくるから不思議だ。そこで、コストの話に切り替える。こうしたことはよくあることだ。

◆セールスの常套手段を知っておく

「それだけの費用がかかるとすると、私の一存では、とてもお答えできません」

その答えを待っていたように、相手はこう言ってくるだろう。

「大変ぶしつけですが、どのあたりの費用までなら、課長さん個人の決裁として可能なのでしょうか。……そうですか、それなら」

と言って、今度は一回り小さくて、薄めの小冊子を取り出す。

「これくらいですと、課長さんのお考え一つで、お決めいただけると思うのですが」

ここまでくれば、ハハーンと気づくはずだ。

要するに、最初は受け入れられそうにもない高めの要求を持ち出す。断られるのは承知のうえだ。そして次に低めの要求に切り替える。実はこのレベルが相手の真の目的であったりすることも少なくない。

こうしたやり方はセールスの常套手段である。徐々に包囲網をせばめ、断り辛い状況に追い込んでいく。一方、こちらとしては知らず知らずのうちに、断りの理由を失っていく。

◆事前の対応が必要

こうしたセールスへの対処の仕方としては、最初に、恩人の紹介だからといって、安易に話を聞きすぎないことだ。話を聞けばきくほど、相手の術中にはまることになる。

それにもう一つ、恩人の紹介だからこそ、無防備に対応してはならないということだ。どんな関係にせよ、恩人に電話をかけさせてきたその手腕を見過ごしてはならない。根回し、さらにはセールス力に長《た》けていると判断していいだろう。甘く見ないで、こちらとしても、それなりの対処法を考えておくべきだ。

たとえば、事前に上司に依頼をしておくという方法がある。

「明日、恩人の紹介でセールスマンがくるのですが、同席していただけないでしょうか。世話になった人の紹介ですので、つい私情に駆られたりすることがないとも限りません。程のよいところで、見極めをつけていただきたいのですが」

こう言えば、上司も腰を上げてくれることだろう。

世話になった人からの紹介だと、何らかの形でお返ししなくては、という〝返報性の心理〟が働く。この心理を衝いてくるセールスにはくれぐれも用心したい。

〈断りのポイント〉

・**客観的な判断ができるような人に同席してもらう。**

第5章

付き合いに波風を立てない隣人への断り方

共同社会に住まう以上、
役割分担はこなしていかねばならない。
下手な断りは周囲からつまはじきにされる。

1　近所の人から息子の身元保証人を頼まれた

――それほど親しくない近所の住人から「息子が就職するので、身元保証人になってほしい」と頼まれた。息子ともあまり話したことがないし、断りたいが……。

◆断っても苦い思いをするのは一時

頻繁に近所付き合いをしているのならまだしも、交流がそれほどない相手なら、悩むことなく簡単に断ってもいいだろう。身元保証といえども、就職先でトラブルでも起こせば、当然、責任を追及される立場になる。

断って苦い思いをするのは一時だが、保証人ともなれば、問題が生じた場合、解決するまで負荷を負わされることになる。そうなってはたまらない。

通常、保証人は親兄弟を筆頭に親族がなるのが普通だ。本来、そういう人たちに依頼をするはずだが、周りに適任者がいないので、とりあえず口をかけてきたのかもしれない。

「身元保証人ですか？　息子さんもよく存じ上げておりませんし、それに保証人というのは親族の方がなるのが普通ですからね。申し訳ありませんが、お役に立てそうにありません」

立ち入った話をする前に、ハッキリ理由を述べて断ることだ。

◆自分の体験を告げる

それに対して、

「保証人が二人必要なんですよ。親の私は当然なりますが、実はほかに親類といっても、遠い関係の者たちばかりなもので。それでご迷惑とは思ったのですが、こうして伺ったわけでして」

などと言ってきた場合には、次のように切り出せばよい。

「事情はわかりますが、私、以前に保証人を引き受けて、大変な目にあったことがあるのです。もちろん、お宅の息子さんに限って心配無用とは思いますが。それ以来、どんなことがあっても、一切保証人にはなるまいと決めているものですから。本当に申し訳ないのですが……」

たとえ嘘であっても、世間にはよくある事実。嘘をついたからといって、相手に迷惑がかかることにはならない。むしろ世の中の現実に気づいてもらえばプラスでもある。

いずれにしても、過去に保証人を引き受けて被害にあったと告げれば、相手も引き下がざるを得なくなる。このやり方は親類・縁者、友人など、こちらの事情に詳しい人には通用しないが、それ以外の人には有効な切り札となる。

〈断りのポイント〉

・**立ち入った話をする前に断りを述べる。**
・**保証人をうっかり引き受けて迷惑を被った話を持ち出す。**

2 口うるさい隣人が「息子さんに家庭教師を」と頼んできた

――近所に小学生の子供がいるが、その母親が「お宅のお兄ちゃんに勉強をみてもらえないか」と言ってきた。息子は大学生で時間はありそうだが、その母親は近所でも口うるさいことで通っている。親としては、断りたいが。

◆親としての意見は差し控える

「ウチの息子はサークル活動に忙しくて、何分にも余裕がないものですから、せっかくのお話で、申し訳ないのですが……」

親の立場でこう答えたら、先方はどう思うだろうか。いくら言葉は丁寧でも、何か釈然としないものが残るに違いない。肝心の息子本人に取次ぎもしてもらえず、眼前で戸をピシャリと閉められたような、そんな印象を受けるのではないだろうか。

こうした依頼のケースでは、まず最初に息子の意見を聞いて、それを伝えるという形を取ったほうがよい。

「ウチの息子はサークル活動をはじめ、やることがいっぱい、と言っており余裕がないようにも見えるのですが、せっかくのお話ですから本人に聞いたうえで、のちほどご返事いたします」

このほうが相手への"通り"がよくなるだろう。

◆断ったあとに代案を持ちかける

そこで、一応、息子に聞いてみる。本人が引き受けるというなら、それはそれでよい。

「あんなうるさい親の子じゃ、勉強なんか、見る気しないよ」

こんな返事が返ってきたならば、その旨を伝えればいいだろう。ただし、脚色が必要なのは言うまでもない。

「勉強を教えたことはないし、自分にはそんな自信はない、と言うのです。せっかく頼りにしていただいて申し訳ないのですが、息子がそう言うものですから、お気を悪くなさらずに」

本人の意思として伝えれば、先方も納得するだろう。さらに、

「知り合いのお子さんに、家庭教師をやりたいという大学生がいるのですが、よろしかったらご紹介しましょうか」

「ウチの子供が通っていた塾が近くにあるのですが、いかがですか」

などと代案を持ちかければ、落胆の溜め息を、いくらかは軽くすることができるかもしれない。

〈断りのポイント〉

・**あくまでも子供の意思として伝える。**

3 引っ越してきた隣人が高価な品をもってきた

――最近引っ越してきた近所の奥さんが、「これからよろしくお願いします」と言って、品物をもってきた。開けてみると高価なものだ。何気なく受け取ってしまったが、これではかえって負担になる。返したいのだが、どう断ればいいか。

◆いただきものの理由を問う

人からいただきものをするというのは、決して悪い気のするものではない。だが、それもあまりに値が張るものだと、かえって恐縮してしまう。恐縮を超えて、何か含みでもあるのかと、余計な詮索にまで及びかねない。

受け取る側のそんな気持ちを察して、渡す品には気を配りたいものだが、上記のケースの場合、いったん受け取ったものを一方的に返すというのはどうだろうか。相手の好意を踏みにじりはしないかという危惧も湧いてくる。

ここはとりあえず相手方に出向き、高価な品を贈る理由を聞いて、そのうえで納得したらいただく、そうでなければお返しする、ということにしてはどうだろうか。

「その品は、実は人様からいただいたものでして。ご覧のとおり、私どもは子供がおらず、主人と二人きり。家においておいても無駄になってしまうものですから、大変失礼かとは思ったのですが……」

「主人の実家がその方面の関係の仕事をしておりまして、いろいろと便宜を図ってくれるものですから、どうぞ、お気になさらないでください」

こんな返事が返ってきたなら、無碍に断ることはないだろう。

◆要所で断りを入れておく

私の自宅にも、地方の仕事の関係先からその土地土地の、いかにも高そうな酒や肴などが送られてくることがある。悪くしてしまいそうなときには、隣近所におすそ分けをするが、すると後日、それを上回るような高価なお返しがきたりする。これでは、何のためのおすそ分けかわからなくなる。

好意が負担になっては意味がない。人にものをあげるときには、その理由をきちんと述べる。もらう側も、その理由をただしておく。こうすることで、互いの風通しがよくなる。

要所要所で断りを入れておくことも、円滑な人間関係を保つうえで大切である。

〈断りのポイント〉

・理由を聞き、納得したらいただくが、そうでなければ返品する。

4
近所の奥さんが家内相手に喋りにきたがる

——引っ越した先の近所の奥さんがしょっちゅう家にきて、家内相手に人の噂をしては帰っていく。明るくて元気がよいのはいいが、人の誹謗・中傷は聞きたくないし、こうたびたびこられると、鼻について仕方がないという。妻にどう助言したらいいか。

◆二度、三度「これから用事が」を繰り返す

どんな話も最初は新鮮に聞こえる。人の噂にしても、近所との付き合い上、知っておいて損はない。そこで、つい、

「奥さん、またいらしてください。私も暇を持て余しているものですから」

などと言って帰していたのではないだろうか。それをいいことに、近所の奥さんもちょくちょく遊びにくるようになったとしたら、自ら蒔いた種なのだが……。

それにしても、どこかで終止符を打たないと気持ちが晴れないだろう。では、どうするか。

「奥さん、います?」と入ってきたら、すかさず、

「これから用事があって、出かけるところなのです。すみませんねえ」

と返し、いそいそとした素振りを見せるのだ。次にきたときもこれをやる。いかに鈍感な人で

も、二度、三度、こんな対応を続ければ、ピンとくるに違いない。

◆ハキハキと明るく対応する

通りで出会っても、決して長話をしないことだ。

「奥さん、ちょっと」

と、声をかけられたら、

「あ、こんにちわ。実はこれから上野まで行かなくてはなりませんので」

「お忙しいんですね」

「すみません」

と、話の糸口を与えないようにする。そのときは相手の目を見て、明るくハッキリ言う。か細い声では、いかにも避けているように取られかねない。こうして、徐々に距離を広げていく。

「私、人の噂は、するのも聞くのも大嫌い。それに家にちょくちょくこられても困るのです」

こう言えば、距離は一挙に広がるに違いない。だが、これでは以後、何かと差し障りが出てくる。焦らずに自然にゆっくりと疎遠な関係にもっていく。これがコツである。

〈断りのポイント〉

・**「これから用事が」と、話のいとまを与えない。**

5 芝居を見に行ったら、会員にならないかと誘われた

――日頃、見たこともない歌舞伎。知人に誘われて出かけた。芝居がハネたあと、知人とホールにいると、一人の役者がきた。知人が、「ボクはこの人のファンクラブに入っているのですが、よかったらあなたも入りませんか」と勧められたが、関心はない。

◆会費に対する見返りがない

知り合いがファンクラブへの勧誘が目的で誘ってきたのかどうかはわからないが、こちらにその気がなければ曖昧にすることなく、はっきりと断ればよい。ただし、当の歌舞伎役者がいる前で断るのはどうか。この場では、言葉を濁しておくのがよいだろう。

「そうですね。ちょっと考えてみます」

と、軽く受け流しておく。そして、後日、知り合いに電話して、こう述べるのだ。

「このあいだの芝居、大変面白かったですね」

と、まずは誘ってくれたことへの感謝を示し、

「ところで、ファンクラブのことですが、とても入れそうにありません。このところ、週の半分は残業で、午前様といった感じなのです。休日にしても疲れを取るだけで、あっという間にす

ぎてしまいます。ファンクラブに入ったにしても、ほとんど見に行くこともままならない状況ですし、単に会費を納めるだけのことになってしまいそうなので、せっかくのお話ですが……」

◆日本人は好まないが、インパクトのある断り方

ファンクラブに入っても、実質的に見返りが欠しく、決してプラスにならないとストレートに告げるのだ。歌舞伎に対する興味がどうのこうのと理由付けるよりは、このほうが理由の根拠が鮮明なので、相手としても納得しやすいだろう。

会社でのサークル活動や、社外での、たとえば異業種交流といった会合への誘いにしても、〝実利〟を持ち出して断ることだ。

「いろんな業種の人と交わえるのは視野が広くなっていいかもしれないが、ボクはエンジニアだからね。狭い分野でも技術的に触発されるようなもののほうが、いまのボクにはためになると思っているんだ」

実利をタテにしての断りというのは、日本人にはあまり馴染みがない。むしろ、そこは避けて通りたいという傾向が強い。それだけに相手に対してはインパクトのある断り方となる。

〈断りのポイント〉

・ストレートに実利を持ち出して断る。

6 親友から浮気を隠すためのアリバイ工作を頼まれた

――「このあいだ、一緒に飲んだことにしておいてくれよ」と友人が言ってきた。浮気を隠すためのアリバイづくりだ。もし、何かの拍子でバレでもしたら、自分の立場もあったものではない。ヤツの女房から白い目で見られるのはごめんだが…。

◆実は断らないほうがいい

「このあいだ、一緒に朝まで飲んだことにしておいてくれないか。なぜ？　そんなこと言わせるなよ。女房から、ひょっとして確認の電話がいくかもしれないから、そのときには頼むよ」

こんな依頼は断らないほうがよい。いつなんどき、わが身に降りかからないとも限らないからだ。

だが、妻同士が親しかったり、近所に住んでいて自分も親友の奥さんと顔を合わせる機会が多く、ボロが出そうだ――こんなときは話は違ってくる。しかし、それでも、神妙な表情で両手を合わせられたら、面と向かってイヤとはなかなか言えないものだ。

「今日のところはわかったよ。でも、次からはごめんだからな」

断るにしても、せいぜいこのあたりが限度だろう。

◆貸しもあれば借りもある

「昨日の夜、ちょっと遅く帰ったのだが、実はオマエと一緒だったと女房には言ってあるんだ。何かあったら、辻褄を合わせておいてくれないか、頼むよ、このとおりだ」

事後承認のケースもあったりする。こうした場合には、すでに何度もダシに使われているとみて間違いないだろう。

どこでどう利用されているかわからない相手には、一応、こう断っておく。

「あのとき、オマエのヨメさん、いつになくとよそよそしかったんだよな。オマエのせいで、オレの評判、きっとガタ落ちじゃないか。今度何かあって、突っ込まれでもしたら、オレは自信がない。それだけは言っとくよ」

こんなふうに釘を刺しておいたところで、すぐに「頼むよ」とくるのは目に見えている。相手に対する〝貸し〟と思うしかないだろう。

人と人とのあいだには、日に見えなくても、何がしかの〝貸し借り〟があるものだ。そのバランスをうまく保ち続けているのが親友だとすれば、自分もまた、相手にどこかで〝借り〟をつくっているはずだと考えて、釘を刺す程度にとどめておくのがちょうどいいのではなかろうか。

〈断りのポイント〉

・**〝貸し〟と思って、釘を刺す程度にとどめる。**

7 親友が「浪費家の女房に説教してくれ」と頼んできた

——いらないものまで大量に買い込んでくる妻。余裕があるわけではないのに、困ったものだ。そう嘆いている親友から、「女房に説教してくれ」と頼まれた。夫婦のことは夫婦で解決しろ、と言ってやりたいのだが。

◆夫婦のことは夫婦で、と

「ウチの女房、買い物だらけで、散財のしっぱなし。ホトホト弱ってるんだ。今度、家にきて、彼女に説教してもらえないかな」

誰でも遠慮したくなるような依頼だが、親友ともなれば、無碍には断れない。

そこで、一応は聞く姿勢を見せるにしても、

「それにしてもなぜオレに?」

などと聞いてはならない。

「ウチのこと、一番よく知ってるからじゃないか。君だから、頼んでいるんだよ」

こんな展開になれば、深みにはまることになる。

このようなときには、夫婦のことは夫婦で、と最初から断りを入れておく。

「夫婦喧嘩は犬も食わないと言うじゃないか。そんなことオレに言われても困るよ。夫婦でじっくり話し合わなければ、問題は解決しないんじゃないか。奥さんにしても、他人に告げられたことを知ったら、いい気持ちはしないだろう。そこのところをわかってやれよ」

こう言えば、とりあえずは納得してくれるだろうか。

◆男同士で相談する

「このあいだ、女房と話したんだが、どうにも噛み合わなくて」

と、再度泣きつかれたなら、そのときには身近な友人として相談に乗ってやるべきだろう。

・なぜ、浪費に走るのか
・夫としてやるべきことをしているか
・ゴルフや出張で、家を空けることがストレスになっていないか
・ただし、不倫よりはいいのではないか

いろいろと指摘しながら、話し合っていけば、思い当たるようなことが必ず出てくるに違いない。

親友なのだから、こうして相談に乗るのはよいとしても、自ら親友の家に出かけ、奥さんに接触するのだけは避けたほうが賢明だろう。あくまで夫婦内の問題として処理するように持ち掛けるのだ。

◆女性は苦手と逃げるに限る

「ウチの女房は何かというと、すぐにガミガミと、うるさくてしょうがないのです。先輩から一言いってやってもらえませんか」

こんなケースでも、あまりクビを突っ込まないほうがよい。

「ガミガミ言ってくるというのは、それだけ君のことを考えているからじゃないか。言われなくなったらお終いと思えば、まだまだ、いいほうだよ。そんなあいだに入って、物申すなんて、イヤだね」

それでも、執拗に迫ってくるようであれば、

「ボクはどうにも女性が苦手でね。言いたいことも言えなくなってしまうんだ。それに女性の扱い方もヘタだから」

と言って逃げるに限る。

夫婦の仲を取り持つというのは、そうやすやすとできることではない。自らを顧みれば、誰もがそのことに気づくはずだ。

〈断りのポイント〉

- **夫婦のことは夫婦でと、軽くあしらう。**
- **女性の扱いはヘタだからと言って、逃げる。**

8 三匹の猫を飼っているが、隣人がまた猫を持ち込んだ

――動物が好きで捨て猫を三匹飼っている。うち一匹は隣人が拾ってきたものだ。三匹で十分のところへ、また隣人が捨て猫を持ち込んだ。隣人も動物は好きなのだが、ご主人が許さないという事情があるらしい。

◆夫を引き合いに出す

目を細めながら、隣の奥さんが捨て猫を抱いてきた。

「この三毛猫、かわいいでしょ。まるでお人形みたい。でも、ここでお別れよ」

アタマから引き受けてくれるものと信じて疑わない。そんな様子を見たなら、

「もう、これ以上は……」

とは答えづらくなって当然だ。それに断れば子猫はどうなってしまうのか。隣家では飼えないし、誰かほかに引き受け手がいれば話は別だが、そうでなければもとの捨て猫に……。ここは目をつぶって、もう一匹引き受けるしかないのではなかろうか。

ただし、次のように釘を刺しておく。

「私、できれば何匹でも飼いたいのよ。でも、主人がねえ……、もうこれ以上は増やすなって。

でも、彼も猫が嫌いじゃないから、わかってくれると思うわ。これが最後だと言えば」

夫を引き合いに出せば、相手からはおそらく次のような反応が返ってくるのではなかろうか。

「そうしてくれると助かるわ。ホント、悪いわねえ。それにしても奥さんのとこは、まだいいわよ、理解があって。ウチのったら、ダメなものはダメ、嫌いなものは嫌い、その一言でお終いなんだから……」

◆見るや否や先手で断る

亭主の愚痴は聞かされることになるかもしれないが、逆にこちらのダンナの株は上がろうというもの。

だが、これ以上はどうしても飼えないという場合もある。そんなときには、胸に抱かれた子猫が目に留まるや否や、すかさず、

「ごめんなさい、もうこれ以上はダメだって、主人からキツく言われてるの」

と、先手で断りの言葉を投げかける。いかにも困り果てたような表情をして、

「そのことで、昨日も、主人とモメたばかりなのよ。理解がないんだから、まったく……」

株は下がるが、ダンナを悪者にすればよい。

「可哀相だけど、私ではどうにもならないの。ホントにごめんなさいね」

謝りの言葉を重ねながら、何があっても無理という態度を貫くのだ。

◆人間関係がこじれる原因は自分のほうにある

こんなとき、可哀相だからといって、子猫の運命を慮《おもんぱか》るような素振りを見せてはならない。

「誰か、ほかに引き受けてくれる人、いないものかしら」

うっかり、こんなことを口にすれば、せっかく築き上げた流れにストップがかかってしまう。

「そうねえ、誰かいないものかしらねえ」

互いに思案投げ首となり、

「いろいろ考えても、やっぱりあなたしか……」

そんな眼差しを向けられようになってはヤブ蛇だ。

ダラダラと、ありがた迷惑な話を受け入れているとストレスが溜まってくる。うまくコントロールできれば問題はないが、なかなかそうはいかないものだ。

やがて膨んだストレスの捌け口は、相手に向けられる。

結果、人間関係がこじれたりすると、何もかも相手のせいにしたくなるが、それは身勝手というものだ。ありがた迷惑な話に楔《くさび》を打てない、自分の勇気のなさにこそ原因は潜んでいると考えたい。

〈断りのポイント〉

・相手の依頼がわかっているときは、何か言われる前に先手で断る。

9 子供の学校のPTA役員を頼まれた

――子供の通っている小学校のPTAの役員を頼まれたが、引き受けたくない。妻は働きに出ているし、自分も出張が多い。そして、何よりも、出不精だし、付き合いが下手だ。うまく逃れる方法はないものか。

◆初めから最大の理由をぶつける

「生来、出不精でして、付き合いも上手ではありません。何かと皆さんの重荷になっては迷惑かと思いますので、ご遠慮させていただきたいのですが」

と言って断ろうとする。

これに対して、次のように切り返されたのでは二の句が告げなくなる。

「まあ、そんなことおっしゃらずに、役員といってもそんなに大変な仕事ではありませんよ。それに社交場ではありませんから、出不精だろうと、付き合い下手だろうと、関係ありません。いまのPTAの現状に不満をおもちの方も多いようですので、よりよいものにするためにも、ぜひとも一役買ってください」

いまさら会社の仕事で出張が多いとか、共働きで時間がないとか、たとえ事実であっても、その辺の理由は取ってつけたようで口にできなくなる。

断ろうとする相手からどんな反応が返ってくるか、予想しにくい場合には、引き受けられない最大の理由を初めからぶつけるべきである。

◆断りの理由にプライオリティを

依頼に対して断ろうと決めたなら、その段階で断りの理由を整理し、優先順位をつけておくとよい。

ある程度相手の反応が予想される場合には、それにマッチした理由を用意する。反対に、予想が困難な場合にはプライオリティ（優先順位）の一番高いものから入る。その順番を間違えると、上記の例のような結果になる。

このケースでいえば、仕事で出張が多いという事情があるのだから、この点を最大の理由にすべきだろう。

「仕事でしょっちゅう飛び回っておりまして、月の半分は家族の顔も見られない状況なのです。土日、祝日も関係なく、いつ出かけることになるか予測が立たないものですから、家族も迷惑を通り越して、あきれ返っているくらいでして……」

多少誇張してもよいから、こう述べる。これに対して、

「大変なことはわかりますが、そこをどうにかやり繰りしていただいて、ぜひお引き受け願い

ないものでしょうか」

と請われても、あくまでも〝出張〟を理由にガンとして撥ねつける。そして、言葉の最後にややトーンを落として、

「仕事では日本全国、ありとあらゆるところに飛び回っているのですが、それ以外となると、まったくの出不精でして、付き合いも下手なものですから、ホトホト弱っております」

と付け加える。

こうしただめ押し的な一言を加えれば、

「まあ、そういう事情でしたら仕方ないですね。わかりました。誰かほかの方にあたることにいたしましょう」

と、諦めてくれるのではなかろうか。

法廷での裁判ならば、たった一つの証拠で逆転勝利ということもあり得る。しかし、断りの場ではなかなかそうはならない。最初に掲げた理由で判定を下されることが多い。断るときには、理由を出し惜しみしてはならない。

〈断りのポイント〉

- **断りの理由を整理し、優先順位をつける。**
- **最も大きな理由を最初から提示する。**

10 気が進まない町内会の役員を頼まれた

――「そんなに負担のかかるものではありません。皆さん、やってることですから」と言って、町内会の役員を頼まれた。負担がかかるかからないは別として、そういう世話焼き的なことはしたくない。何とかして断りたいのだが……。

◆事実であれば家庭の事情をタテに

持ち回り制であれば逃れるのは厄介だが、選出ということなら、理由を明確に述べて断れば、相手も比較的簡単に納得してくれるのではないだろうか。事情を抱えている人が役員になれば、何かと不都合なことが起きないとも限らないからだ。

断りの理由としては、たとえば、

・夫婦共働きで、ほとんどの時間、家を空けていること
・まだ小さな子供がいて手がかかること
・親が高齢で、世話が大変であること

といった家庭の事情が考えられるが、いずれも事実であるという前提に立ったうえでのことである。隣近所なのだから、嘘をつけばすぐにバレてしまう。実際にそうした事情があれば、それ

を断りの理由にすればよいが、そうでない場合には、仕事の繁忙さを全面に押し出せばいいだろう。

◆「仕事が忙しい」だけではダメ

会社の仕事が忙しくて、とても引き受ける暇がない、と言ってかわすのである。しかし、これだけでは言葉が足りない。

三十代の知人のケースだが、そう言って断ろうとしたら、

「そうですか。それは大変ですね。でも、そうそう暇な人はいませんからね。皆さん、忙しいなかにも、時間をやり繰りしてやっていただいているものですから、この際、ぜひお引き受け願えないものでしょうか。それに、最近は町内にも若い人が増えてきて、そうした方の意見も反映させていきたいと考えているものですから」

攻めの一手で押しまくられ、結局、しぶしぶ引き受けることになった。一年前のことである。

その知人に最近会ったら、こうぼやいていた。

「改選になるので、やれやれと思っていたら、また頼まれてしまいました。期待しているので、お願いしますと。今度は一ランク上の役員なのですが、一度、引き受けると、次はなかなか断れないものですね」

同じボヤキにしても、一年前のそれとは違って見えた。それほどイヤがっているふうにも思え

ない。引き受けたことで違った状況が見えてきたのだろう。

◆多忙の原因を具体的に述べる

それはともかく、相手の依頼を本気で断ろうとするなら、仕事の忙しさに加えて、そうなる原因や理由についても言及するのである。

「ウチの会社はいまリストラの最中で、人が少なくて困っているのです。毎日、九時、一〇時の残業は当たり前ですし、休みもあってないようなものなのです。先週の土日も出勤で、ホントにまいってしまいます」

あるいは、

「月の半分は出張で、家を空けてばかりなものですから、女房からは文句タラタラで、ほとほとイヤになってしまいます。仕事だから、仕方ないといえば仕方ないのですが、まあ、こんな状況なものですから」

と、現状を具体的に説明すれば、相手は「なるほど」と思うに違いない。単なる言い逃れではないことがわかれば、「それじゃ、しようがないか」と納得することになるだろう。

〈断りのポイント〉

・単に忙しさを理由にせず、その原因についても具体的に説明する。

11 入院したが、見舞いを断りたい

――「いちいち挨拶したり、お返しにも何かと気を使うから、見舞い無用と言っておいてくれ」。そう言って、夫が入院した。夫は簡単に言うが、どううまく言えばいいのかわからない。

◆とりあえず入院先は教える

そんなに長くかかるわけでもないし、見舞いへの応対も面倒だからと、周囲に何も知らせずに入院することがある。あとからそれと知った人たちは、駆けつけたり、電話をかけてくる。

「藤堂さんが入院なさったと知って、ビックリしました。……お見舞いに伺わせていただきたいのですが、入院先はどちらの……」

と、尋ねられたら、答えないわけにはいかないだろう。

いくら見舞いを断りたくても、

「いえ、それはちょっと……」

などと言葉を濁せば、何か訳ありなのかと勘ぐられたり、あるいは、疎んじられているのではないかと気を悪くされたりすることがあるからだ。

「池田町の壬生記念病院なのですが」

と答えたあとの言い方を工夫すればよい。

◆皆さんにそうしていると告げる

「お忙しいなかをきていただくと申し訳ないと、主人が申しておりまして……」

と前触れしてから、

「実は皆様に入院したことや入院先をお知らせしなかったのも、主人の強い意向でして……。何かと気を使われるのが本人としては辛いらしく、皆様方にこう申し上げているのです。お気持ちだけいただいておきますので、お気持ちだけいただいておきますので、なにとぞ、お気を悪くなされませんように」

自分だけ行かなかったら、あとで具合の悪いことになる。それではマズいということで連絡を入れてくる人も少なくはないだろう。誰に対しても同じように断っている旨の一言を挟んでおけば、そのあたりの思いに対してもカバーができるはずだ。

さらに、病状や退院の見通しなどについても、差し支えない範囲で伝えておく。こうすれば、相手はひとまず安心するだろうし、それではわざわざ出向かなくてもいいか、という気持ちにもなるだろう。

〈断りのポイント〉

・**「すべての方にお断りしている」旨を伝える。**

12 以前にホームステイした人が別人を紹介してきた

——半年前に外国からホームステイにきた人が、今度は別の人を紹介してきた。気を使うだけでなく、生活が変わってしまって、夜もろくろく寝られなかった。もうこりごりなので、断りたい。

◆英語の発音はよくなったが…

私の知人にもこんな体験をした人がいる。五十代の男性で独身。都内の広いマンションに一人で住んでいる。

何の縁あってか、アメリカ人の若い女性がホームスティとしてやってきた。話を聞いて、周囲は好奇の眼差しで、というより羨望の眼差しで見守っていたが、やがて約束の一月が過ぎて、彼女は母国へと帰っていった。

あとで彼に話を聞かされた。

「結構疲れましたね。お互い、生活時間が違うものだから、こちらが寝ているときに彼女は起きているという具合で、寝不足気味になったのは確かです。何よりも彼女は宗教上、酒は飲めないというので、そのとばっちりがこちらまにで及んで、結局その間、部屋では一滴も口にしませんでした。外で飲むにしても、酔っ払っては帰れないから、徐々にストレスがたまっていったのは事実です。でも、英語の発音は、ちょっと変わりましたよ」

◆ソフト面の受け入れ態勢が問題

ホームスティさせる場合、生活習慣、宗教上の違いから、互いに不便さを感じることはあるだろう。だが、違和感があるからこそ、互いにより認識しあい、距離を縮めようという気持ちになるのも事実だ。

異人種を迎え入れるということは、決してマイナス面ばかりではなく、考えようによっては、むしろプラスになるほうが多いともいえるが、このケースの場合は、きちんと断ったほうがいいだろう。

受け入れ態勢が整っていなければ、相手に迷惑をかけることになる。受け入れ態勢とはハードばかりでない。ソフトの面でも、いやハード以上にソフト面が充実していなければ、せっかくの時間も無駄になりかねない。

断る理由としては、「気を使いすぎて疲れ、ろくに眠ることもできなかった」では、相すまないから、たとえば、

・体調を崩している
・親類が移り住んできて部屋が空いていない
・近く引っ越す予定になっており、バタバタしている

など、害を与えない程度の理由を考え、申し述べればいいのではなかろうか。

◆断りの理由より言い方だ

問題は理由より言い方のほうにある。日本流の曖昧な表現では真意が伝わらないと考えたほうがよい。ノーならノーと遠慮しないで述べるのだ。

蛇足だが、お隣の中国人は西洋式の断り方をするという。断りの最初にノーをもってくるというのだ。

「それは私にはできません」

「そういうことは受け入れられません」

気持ちをまず口にしてから、その理由を述べる。同じアジア人であっても、日本人とは正反対の言い方だ。もっとも、イエスにしてもノーにしても、ダメかよいかを告げるだけのことと割り切れば、ノーに過敏に反応しなくてもいいのかもしれない。

ホームステイにしても、納得できる形で受け入れられないようなら、ハッキリとノーと述べる。申し訳なさそうに言わなくても、相手は、それなら他を探すと、頭を切り替えてくれる。

〈断りのポイント〉

・**遠慮しないで堂々と「ノー」と言う。**

終章

大事なのは断ったあとのフォローである

いくら頼まれても応じられないときがある。
応じるつもりが断らざるを得なくなることもある。
断ることよりも、その後のフォローに気をつけたい。

1 いったん断ったが、その後の状況が変化した

◆状況が変わったら即座に連絡する

相手の頼みを一度は断ったものの、その後、状況が変わり、応じられることになったというケースもある。そうした場合にはすかさず先方に連絡を入れるようにしたい。

すでにその件に関しては、「もう別な人に頼んだからいいよ」という場合もあるが、たとえそうであっても、こちらの対応の仕方には感謝してもらえるはずである。

「このあいだの件、状況が変わって何とかなりそうなんだよ。君のほうでまだ必要とするなら、手を貸すことはできるのだが」

「いやあ、それはありがたいのだが、こっちも何とか手配がすんでね、ギリギリ間に合ったところなんだ。わざわざ連絡してくれてありがとう。今後ともよろしく頼むよ」

関係はこじれるどころか、逆に太くなるだろう。

◆連絡しなければどうなるか

会社の場合、F社から依頼されたときには応じられずに断ったが、その後の変化で、G社から

頼まれたときには応じられることになり、あっさり引き受けたなどということもあるだろう。

こうしたケースでは、引き受けられるようになった時点で、F社にその旨を伝えていたかどうかという点が問題になる。

もし、連絡を入れていなかったとしたら、F社としては面白いはずがない。先に口をかけたわが社を、なぜ優先してくれないのか、と不満をもつだろう。単にF社との関係にとどまらず、F社とG社との関係にも微妙な影を落とすことになるかもしれない。

◆断りがプラスになることも

これとはまったく逆のパターンもある。あのとき断られていてよかったというケースである。断られたために、全社一丸となって取り組んだ結果、会社の体質が強靭になったとか、別の受け皿が見つかり、順調に業績を伸ばしているといった場合である。

こうしたことは会社だけでなく、個人においてもいえることだ。友人に借金を申し込んだが、余裕がないといって断られたために、一念発起することになったとか、さらなる借り入れにストップをかけることができたとか、マイナス転じてプラスになるということも、まったくあり得ないことではない。

断ったことで相手にプラスがもたれされることもあるとすれば、断ることにいつも臆病になることはないだろう。

2 期待に沿えないときこそフォローをきちんと

◆申し訳なさを行動で表す

人からの依頼を断るというのは、あまり気分のいいものではない。断った相手に対しては、いつまでも申し訳なさが尾を引いてしまう。そのために、会いづらくなったり、連絡しづらくなったりもする。

しかし、考えてみれば、これは逆ではないだろうか。本当に申し訳ないと思っているのなら、断ったあとも積極的に相手にかかわり、手助けやアドバイスをしていくという姿勢が必要なのではなかろうか。

単に申し訳ないという気持ちを抱いているだけでは、何もしないことと同じである。申し訳ないという気持ちを抱くことで、自分自身を慰めているとしか言いようがない。

◆安請け合いで取引中止

ある大会社に勤める社員の話である。その会社は業界ナンバーワンで羽振りがよく、また彼もそのなかにあって、目立った存在である。仕事もするが、それに輪をかけて社交力がある。人脈をつくるのが仕事のようなものだから、彼にとっては適所といえる。

社交力と調子のよさは紙一重だ。彼はどちらかというと、後者の要素が強い。

「何かあったら、いつでもどうぞ。協力しますから」

人に会うたびにそう声をかけていた。

数年前のことだが、そういう彼に、上得意先の社長から依頼が舞い込んだ。

「相撲の升席を取ってもらえないだろうか。ウチのお得意さんの頼みなんだが、何とかならないかね。君なら顔も広そうだし」

彼はもちろん承知をした。

ところが、取引先や知り合いに当たっても、色よい返事が返ってこない。いまと違って、若貴全盛期、連日、満席御礼の垂れ幕が下がっていた頃の話である。升席など、そうそう簡単には取れない。

結局、彼はお手上げとなって、件《くだん》の社長に断りの電話を入れた。

「いまさらダメと言われても困るんだ。お客さんには大丈夫、取れますからと、ハッキリ言ったところなんだから。君もそう言ってたじゃないか。もちろん、オーケーですよと。そういう誠意のない態度なら、今後、取引は中止だ」

慌てて彼は上司に同行してもらい、お詫びに行った。何度か足を運び、関係を修復するのに数か月かかったという。

◆フォローの巧拙が明暗を分ける

得意先の社長を怒らせてしまったのは、彼の安請け合いもさることながら、電話で断りを入れたときの対応の拙さだ。相手が何を言い出すか感じ取れれば、すぐにこう言って、怒りの芽を摘み取ることができたはずだ。

「社長、あと三〇分だけ時間をください。やれるだけはやったつもりですが、どこか見逃しているところがあるかもしれません。もう一度、当たれるだけ当たってみますから」

これまでさんざん手を回してもダメだったチケットが、いまさら、たった三〇分で手に入るはずがない。この言葉は、いわば相手へのパフォーマンスだ。

そして、しばらくしてから電話を入れる。

「いま、四社に当たったところなのですが、どこもないということで、まことに申し訳ありません。お客さんもお困りでしょうね。私もその方のところへ行って、お詫びさせてもらえないでしょうか」

相手の期待を裏切ることになったのは、状況を考えれば仕方のない面もある。うっかり引き受けたことも、軽はずみと言えば言えないこともないが、せめてこれくらいのフォローをしておけば、その後の展開は違ったものになっていたことだろう。

相手へのフォローは何もむずかしいことではない。申し訳ないという気持ちを行動で表せばよいだけのことである。

3 断りは逆説得である

◆説得と断り

説得とは、自分の思いや考えを相手に理解させ、行動へと促すことだ。前提となるのは相手の深い納得である。これは断りにしても同様だ。相手の納得しない断りは、真の断りとはいえないからだ。

ただし、両者には大きな違いがある。それは能動か受動かということだ。説得の場合は、自分の意思で相手に働きかけていくが、断りの場合、その端緒を開くのは、あくまでも相手の意思である。

しかし、能動にしても受動にしても、行き着く先、つまり目的は同じとすれば、説得と断りは表と裏の関係で、断りは逆説得ともいえるだろう。逆説得としての断りを成功に導くためには、いくつかの土台となる要素がある。

◆断りのタイミング

まずは「タイミング」だが、たとえば、

・断りを、早い時期にするか、それとも時間をおくか
・一度断って、再度念押しする場合、その間隔はどれくらいが適切か

といった点が挙げられる。

いずれにしても、断りは言い出しにくいことから、どうしても遅めになりがちだ。常に早めにと心掛けておきたい。

ただし、早いほうがいいからといって、「なぜ、こんなときに」と思わせるようなタイミングでは、相手の納得は得られない。

◆断りの場

サッカーや野球の試合のように、断りにもホーム（地元での戦い）とアウェイ（敵地での戦い）がある。プロスポーツの場合、観衆の応援を得て戦える有利さから、ホームでの勝率が圧倒的に高いが、断りでは場合によっては、相手のグラウンドに飛び込んだほうが効果が得られることもある。

断りの裏に駆け引きが絡めば、ホームかアウェイかの選択も重要になってくるが、そうでなければ、話しやすく、心を開けるような場、たとえば喫茶店や気軽なレストランなどでもよいだろう。そこでは対立感を和らげるために、正面から向き合うのではなく、肩を並べるように坐る、といった工夫も必要になる。

◆第三者の使い方

直接断りを言うのは、どうしても刺激が強すぎる。そんな場合には、第三者に断りを言ってもらうとよい。第三者として最もふさわしいのは、相手が信頼を寄せている人である。

「あの人が断ってきたんじゃ、仕方ないな」

「あの人に謝られたら、仕方ないか」

相手がこう思うような人がいれば、これに越したことはない。

第三者の使い方は、これに限らない。

取引先からプランが提出されたが、ここは断りたいというときには、

「私は結構だと思うのですが、どうにもこうにも部長が頑固で、説得できなくて」

上司から、見合い相手を紹介されたときには、

「こんな私に紹介していただけるのは、大変ありがたいのですが、なにぶんにも、両親が結婚はまだ早すぎるというものですから」

第三者を引き合いに出して断るのだ。

以上、断りを支える要素についてみてきたが、最終的にカギとなるのは説得同様、その人の持ち味、人柄、人間性であることは言うまでもない。

「あの人に言われたのでは、仕方ないか」——そんな人間に近づくための努力をたゆまず続けていきたいものである。

4 断りながら交渉する

◆交渉力と断り

交渉とは、互いに条件を提示し合いながら、接点を見出すために進めていく、双方向性の話し合いである。一方向性ではないから、要求する側と、要求を受ける側とが、常に定まっているわけではない。

「A案とB案の中間を取ったC案ではいかがでしょうか」

「そうですね。中間といっても、かなりB案寄りではないですか。それならば、A案のここの部分を入れていただければ、それで、結構ですが」

「そうなると……」

こうした、押したり引いたりの話し合いが続く。相手の要求が飲めなければ、当然、断ることになる。ただし、これまで見てきたような、通常の断りのケースとは違って、次のような使われ方が多い。

・断りながら、逆に頼む

・断りながら、代案を示す

断りだけでなく、他の行為と併用して使われることになる。
そのことで、ふと思い出したことがある。関西地方で起きた、撤去騒動である。

◆抵抗を続けた挙げ句に立ち退きでは…

寺の境内で営業していた数軒の店が、ある事情から代替地をもらい、引っ越していった。そのなかで一軒だけが立ち退きを拒否していた。結局、行政側によって撤去されてしまったが、なぜ、あれほど頑強に抵抗をし続けたのか、そこのところがピンとこない。

お話はわかりました。
ただし……
皆さんに
ご協力
いただき…
この人は
ゴネ得を…

「ほかでは営業できない、ここでなければ」
という気持ちは理解できないわけではない。長年にわたってその地で営業を続けていれば馴染み客も増えるし、誰だって、そうやすやすと動くものかという気になって当然だ。

しかし、周囲の店や家はすべて立ち退いて、残されたのはただ一軒。まさに、このお店だけだった。店や土地への愛着がことのほか強いから、と言われればそれまでだが、ほかに何か別の理由でもあるのかと聞いてみたくなったものだ。

それはともかく、前述したように、最終的には撤去されることになったが、いずれはこのような結果になることがわかっていながら、なぜ条件を出して有利に進めなかったのかという疑問が残る。

◆条件闘争も高度な断り

行政側からの要望に対して断りつつも、代案を提示することができたはずだ。また、断りながらも、逆に頼み込んだり、要望を突きつけたりと、そんなこともできる立場にあったのに、なぜ活用しなかったのか、と思えてならないのだ。

ひょっとしたら、いま述べてきたようなことまで含めて、あらゆる手立てを尽くした、その結果がこのたびの撤去となったのかもしれないが、外部から見ると、こうなる前にとことん交渉してほしかったという気がしてならない。

交渉とは互いの妥協点を見出すための話し合いだが、一方は押しまくり、他方は引くまくるということであれば、そもそも交渉とはいえない。

交渉という行為にはさまざまな能力が動員される。人への気配り、説明力、説得力、プレゼンテーション能力、観察力、洞察力、広く聞く能力……そして、断る力。これらのすべての力が試されるのが交渉の場である。

5　断るだけが能ではない

◆声をかけない大人が増えている

地下鉄に乗っていたら、年輩の女性が駆け込んできて、私の目の前で止まると吊り皮にぶら下がった。ほかの座席は埋まっている。私の横には子供が坐れるくらいの空きがあったので、体をわずかにずらしてスペースを広げた。

「すみません、どうも」

私はてっきり、女性がこう言って腰をかけるものとばかり思っていたが、何も言わないし、坐ってもこない。

電車が走り出して、目を閉じても、隣りの中途半端なスペースが気になって仕方がない。事務所のある駅で降りるまで、どことなく居心地の悪さが続いた。

声をかけない大人が増えている。車内の女性にしてもそうだ。

「すみませんが、少し詰めてくれませんか」と一言、声をかけてくれれば、彼女は腰を下ろすことができたはずだ。また、こちらが体をずらしたとき「ありがとう」と言って坐ってくれたら、年輩者を前に立たせているといった居心地の悪さは感じずにすんだはずだ。あるいは坐らないのであれば、「すぐ降りるので、ぞうぞゆっくり掛けていてください」などの言葉があれば、また違った気持ちになっただろう。

朝の通勤電車などでもそうだが、満員電車から降りるのに、黙って、人を掻き分けて強引に降りる大人が増えている。「すみません、降ります」と一言発すれば、周りの人は通路を開けて、スムーズに乗り降りできるのにと不思議に思う。

◆「頼みにくいヤツ」と見られていないか

頼まれればイエスという受け入れ態勢が整っているのに、相手から声をかけてこない。こんなことはよくあることだ。

残業で同僚がいかにもせわしそうに仕事をしている。自分のほうは片がついたので、

「忙しそうだね。なんなら、ちょっと手伝おうか」

と、声をかけても、

「いや、大丈夫、もう少しで何とかなるから」

机の上には、今夜中に整理しなければならない資料が山積みになっている。「もう少し」どころの騒ぎではない。それにもかかわらず、相手は頼んでこない。

それはなぜだろうか。日頃からの自分の態度について振り返ってみてはどうか。相手から何か頼まれたときに、

「そんなこと、誰かほかの人に頼めよ」

「勘弁してくれよ。それどころじゃないんだから」

などと、頭ごなしに受け付けないような態度を取ってはいないだろうか。もし、そうであれば、相手からは「頼みにくいヤツ」という目で見られていたとしてもおかしくはない。

◆たとえ期待にそむいてもわかってもらえる

相手が本当に困っているときには応じないで、こちらの都合のよいときだけ受け入れる。そんな対応の仕方を続けていれば、あえて頼もうという気には誰でもなれないものだ。

頼みにくい相手と思えば、人は徐々に遠ざかっていく。それはとりもなおさず、自分から世間を狭くしていることにほかならない。

断るだけが能ではない、と言いたい。本当に困っている人がいたならば、

「じゃあ、できるかぎり、やってみましょうか」

と言って、快く引き受ける。宮沢賢治のように、風雨のなかを東奔西走せよとは言わないが、時にはこの身を削ってもよいというくらいの覚悟をもって、依頼に応じることも必要ではなかろうか。

手に余る依頼ではあっても、全力で立ち向かう。たとえ期待にそむくような結果になったとしても、相手はその誠意と情熱に感謝してくれるはずだ。

著者略歴

福田　　健（ふくだ　たけし）

話し方研究所会長。

山梨県甲府市生まれ。中央大学法学部卒業。

ビジネスマンの生き方、話し方、人間関係、コミュニケーションなどをテーマに、各企業・団体・官公庁に講演・研修活動をするほか各紙誌に健筆をふるう。また、二十余年にわたって主宰する話し方セミナーも盛況をきわめる。

著書に『人を伸ばす「ほめ方」「叱り方」の技術』『ユーモア話術の本』『上手な聞き方・話し方の技術』『必ずYESといわせる説得のコツ』など多数。

【連絡先】東京都文京区湯島3-31-4
ツナシマ第一ビル6F
☎03（3836）9811

相手の頼みをスマートに断る法

2004年3月22日　発行

著　者　福田　　健　

発行人　森　　忠順

発行所　株式会社セルバ出版
〒113-0034
東京都文京区湯島1丁目12番6号高関ビル3A
☎03（5812）1178　FAX 03（5812）1188

発　売　株式会社創英社／三省堂書店
〒101-0051
東京都千代田区神田神保町1丁目1番地
☎03（3291）2295　FAX 03（3292）7687

印刷・製本所　中和印刷株式会社

Printed in JAPAN
ISBN4-901380-23-0